Shalila Sharamon / Bodo J. Baginski

EIN VERSTANDEN SEIN

Die Erlösung des Schattens
Der direkte Weg zum Einklang
mit Deinem inneren Selbst

W0193820

WINDPFERD
Verlagsgesellschaft mbH.

1. Auflage 1991
© Windpferd Verlagsgesellschaft mbH, Aitrang
Alle Rechte vorbehalten
Umschlaggestaltung: Wolfgang Jünemann, unter
Verwendung einer Illustration von
Angelika Jänicke
Handgeschriebene Texte im Innenteil:
Jennifer Christine Joe Connor
ISBN 3-89385-086-4

Printed in Germany

Inhaltsverzeichnis

Es gibt keine Pflicht des Lebens,
es gibt nur eine Pflicht des Glücklichseins.
Dazu allein sind wir auf der Welt,
und mit aller Pflicht und aller Moral und allen Geboten
macht man einander selten glücklich,
weil man sich selbst damit nicht glücklich macht.
Wenn der Mensch gut sein kann,
so kann er es nur, wenn er glücklich ist,
wenn er Harmonie in sich hat, also wenn er liebt.
Dies war die Lehre, die einzige Lehre in der Welt;
dies sagte Jesus, dies sagte Buddha, dies sagte Hegel.
Für jeden ist das einzig Wichtige auf der Welt
sein eigenes Innerstes, seine Seele,
seine Liebesfähigkeit.
Ist die in Ordnung, so mag man Hirse oder Kuchen essen,
Lumpen oder Juwelen tragen,
dann klingt die Welt mit der Seele rein zusammen,
ist gut, ist in Ordnung.

Hermann Hesse
(aus seinem Nachlaß)

Einige Worte an dich ...

Wenn dieses Buch seinen Weg zu dir gefunden hat, bist du wahrscheinlich ein Mensch, der die Suche nach einem tiefen und dauerhaften Glück noch nicht aufgegeben hat, und du weißt oder ahnst, daß du ein solches Glück nur in dir selbst finden kannst. Möglicherweise bist du unglücklich oder krank oder einfach unzufrieden mit dir und deinem jetzigen Leben und du sehnst dich nach einer Änderung und Verbesserung deiner Situation. Vielleicht hast du auch Momente erlebt - in der Kindheit, in der Liebe, in der Natur oder in der Meditation - in denen du etwas von der Fülle erfahren, von der Seligkeit erahnt hast, die als Potential in dir schlummert und du möchtest diese Momente zurückholen, festhalten, zu einem dauerhaften Bestandteil deines Lebens machen. Diese Sehnsucht, die offen oder verborgen in jedem Menschen lebt, ist Antriebskraft und Motor für viele seiner Handlungen. Doch sind in aller Regel weder unsere Eltern und Erzieher noch unsere Schulen oder religiösen Institutionen in der Lage, uns den Weg zur Erfüllung dieser Sehnsucht zu weisen. Anstatt uns den Zugang zu einer direkt und unmittelbar gelebten Seligkeit zu öffnen, vermitteln sie uns eine Vorstellung vom Glück, die auf ihrer eigenen Weltanschauung und Lebenserfahrung basiert. Sobald wir merken, daß diese übernommenen Werte unsere

Sehnsucht nicht zu stillen vermögen, entwickeln wir unsere eigenen Vorstellungen von einem glücklichen Leben – und tappen dabei in die gleiche Falle wie unsere Eltern und Erzieher: Wir bejahen und unterstützen, was dieser Vorstellung entspricht und verneinen, was ihr entgegen-steht. So geraten wir in eine Einseitigkeit, die uns immer weiter von der inneren Ganzheit, von dem Einklang mit allem Leben fortführt. Anstatt dieser Ganzheit zu erlauben, in uns zu leben, durch uns zu wirken und uns zu führen, binden wir uns an Menschen, Konzepte oder Dinge, die als Ersatz für die mangelnde innere Fülle dienen sollen, werden enttäuscht und suchen den Grund für unsere Enttäuschung in den äußeren Bedingungen oder in unserer unzureichenden Fähigkeit, unser Leben gemäß unseren Vorstellungen zu gestalten.

Viele Menschen arrangieren sich mit zunehmendem Alter mit den Gegebenheiten ihres Lebens, schrauben ihre Erwartungen zurück und geben die Suche nach einem tieferen Glück schließlich auf. In anderen jedoch lebt der Funke fort. Sie erlauben dem Schmerz ihrer unerfüllten Sehnsucht sie auf ihrer Suche weiterzuführen und wenn sie die Antennen einer tieferen Wahrnehmung der Wirklichkeit noch nicht vollständig eingezogen haben, begegnet ihnen eines Tages das Wissen, daß das Glück in ihnen selber verborgen liegt.

Nun beginnt ein neuer Abschnitt der Suche in einer anderen Richtung, einer neuen Dimension. Doch wird der Suchende bald feststellen müssen, daß sich auch hierzu eine beinahe unübersehbare Fülle an Methoden der Meditation, der Selbstverwirklichung oder Heilung anbietet. Viele dieser Möglichkeiten können uns neue Ebenen der Erfahrung erschließen und unser Leben bereichern, doch inwieweit sie uns in die ursprüngliche Ganzheit zurückführen können, hängt nicht nur von der

Methode ab, sondern auch von unserer Bereitschaft, jene unerlösten Anteile unseres Wesens, die wir im Laufe unseres Lebens in den Schatten gedrängt haben, bewußt anzunehmen und zu integrieren. Auch wir haben viel gesucht und gefunden, wir sind ein Stück des Weges in Richtung Ganzheit gegangen. Dabei kristallisierte sich immer deutlicher eine Essenz des Wissen heraus, die so grundlegend und in ihrer Anwendung so einfach und natürlich ist, daß wir beschlossen, ihr ein eigenes Buch zu widmen. Manches, was du darin finden wirst, mag dir bekannt und vertraut erscheinen.

In der Tat gibt es unzählige Ratschläge zur besseren Lebensführung sowie Methoden zur Selbstverwirklichung, die auf diesem Wissen basieren. Dennoch wurde die einfache und konsequente Anwendung der ursprünglichen Essenz dieses Wissens, in der allein seine umfassende Wirksamkeit begründet liegt, bisher kaum dargestellt. Diese Lücke möchten wir mit dem vorliegenden Buch schließen.

So wollen wir dir mit diesem Buch nicht von den Blumen und Schätzen erzählen, die uns auf unserer eigenen Reise begegnet sind, sondern dir zeigen, wie du aufbauend auf deinen eigenen Erfahrungen im Einklang mit deinem innersten Selbst leben und die natürlichen Kräfte der Transformation und des Wachstums in dir zulassen kannst.

Wir möchten dir das grundlegende Wissen dazu vermitteln und dir den direkten Weg dorthin weisen, so daß sich Sinn und Zweck deines Lebens in Harmonie mit den kosmischen Gesetzmäßigkeiten erfüllen können und du dein Leben in Freiheit und Liebe, im Einklang mit dem innersten Kern deines Wesens leben und gestalten kannst.

Es bedarf dazu keiner schwierigen oder langwierigen Übungen. Alles was du brauchst, ist als natürliche Gesetzmäßigkeit in dir angelegt und wartet darauf, genutzt zu werden.

Auch wird dir die Anwendung dieses Wissens helfen, den Wert anderer Möglichkeiten der spirituellen Entwicklung für dich zu erkennen und das Beste herauszuziehen.

Möge dir dieses Büchlein als ein hilfreicher Freund und Begleiter auf deinem Lebensweg dienen.

Shalila & Bodo J.
Südwest-Irland, August 1991

Ausdehnung von Glück
ist der Sinn der Schöpfung
und wir sind alle hier,
um Glück zu erfahren
und auszustrahlen.

Maharishi Mahesh Yogi

Die Suche nach Glück

Die Suche nach Glück begleitet uns ein Leben lang. Sie bestimmt unser Verhalten und unser Handeln, unsere Vorlieben und Abneigungen, ist Ursache unserer Hoffnungen und Sehnsüchte. Als Kind haben wir noch keine Zweifel daran, daß das Leben als ein Fest der Freude gedacht ist, wenn uns diese innere Überzeugung auch beim Heranwachsen immer mehr verlorengeht und sich unsere Sicht des Lebens zunehmend an der Lebenseinstellung orientiert, die wir in unserer nächsten Umgebung vorfinden. Im Sturm und Drang der Pubertät wird die ursprüngliche innere Vision noch einmal geweckt und reibt sich an der uns umgebenden Realität. Doch passen wir uns mit zunehmendem Alter wieder immer mehr an die Gegebenheiten an und schätzen uns schließlich schon glücklich, wenn es uns gelingt, allzu großes Unglück von uns fernzuhalten. Wir messen das Maß unseres Glück an dem der Anderen und meinen, wenn wir gut dabei abschneiden, müssen wir uns wohl zufrieden geben.

Das Versprechen von Mystikern und Weisen aller Zeiten, daß tief im Menschen als sein eigentlicher Wesenskern ein Glück verborgen liegt, das nicht nur unabhängig ist von Bedingungen in Raum und Zeit, sondern weit über alles hinausgeht, was wir durch unser bewußtes Wollen, durch Bemühen und Handeln erreichen können, halten wir entweder für einen frommen Wunsch weltfremder Idealisten oder aber für etwas dem Normalmenschen kaum Erreichbares.

Dennoch haben wir alle schon einmal hier und da von dieser tiefen Seligkeit, die in jedem von uns darauf wartet, geweckt und gelebt zu werden, gekostet oder sie zumindest erahnt: in der Kindheit, als unsere Seele noch offener war für die Wahrheit, die hinter Vorstellungen und Konzepten liegt; in der Liebe, als uns die Sehnsucht nach Vereinigung unsere inneren Begrenzungen vergessen ließ; im selbstvergessenen Erschaffen eines Kunstwerkes, als wir der schöpferischen Kraft erlaubten, durch uns zu wirken; in der Stille und Weite der Natur oder in tiefer Meditation.

Die Sehnsucht danach, diese Augenblicke zurückzuholen und festzuhalten lebt offen oder verborgen, bewußt oder unbewußt in jedem Menschen fort. Es sind jene Momente, in denen wir unserem wirklichen Wesen am nächsten sind und eine ungeahnte Lebendigkeit und innere Erfüllung erfahren.

In allen alten Kulturen gab es religiöse oder kulturelle Traditionen, die es als ihre Aufgabe sahen, dem Menschen den Weg zu diesem Glück zu weisen, um es zu einem Bestandteil seines täglichen Lebens zu machen. Während in den östlichen Ländern ein Teil dieses Wissens fortlebt, scheinen in unseren Breiten weder Religion noch Kultur in der Lage zu sein, diese Aufgabe zu erfüllen. Was wir Kultur nennen hat nur noch wenig mit jenen ursprünglichen kultischen Handlungen zu tun, die den Menschen für tiefere Wirklichkeiten öffnen und seinen Entwicklungsweg begleiten sollten. Auch die Religion wurde im Zuge einer zunehmenden Fortschritts- und Wissenschaftsgläubigkeit, die davon ausging, die Wissenschaft werde die Welt und den Menschen eines Tages restlos entschlüsseln können, für überflüssig erklärt. Eine Kirchengeschichte, die von Ketzer- und Hexenverbrennungen, von blutigen Kreuzzügen und Religionskriegen durchzogen ist, schürte darüberhinaus ein berechtigtes Mißtrauen gegenüber allem Religiösen, das den Anspruch einer alleinigen Seligmachung vertrat.

Was von den großen westlichen Religionen übriggeblieben ist, ist zudem zunehmend in einer Organisation erstarrt, die vorrangig damit beschäftigt ist, sich selbst zu erhalten und sich als eine dauerhafte Einrichtung zu etablieren, anstatt der Re-ligio, der unmittelbar erlebten Rück-verbindung mit dem Göttlichen zu dienen. So verloren sie schließlich die Verbindung zu ihren eigenen mystischen Wurzeln und können ihrem Anspruch, den Menschen mit seinem göttlichen Ursprung zu verbinden, kaum noch gerecht werden. Es kam sogar soweit, daß Menschen mit ursprünglichen, mystischen Erfahrungen als eine Bedrohung für die Organisation selbst empfunden und somit bekämpft wurden.

Nachdem die Religionen dem Menschen den Weg zu einem dauerhaften und tiefen Glück nicht mehr weisen konnten, wurden mit dem Aufkommen des wissenschaftlichen Zeitalters Lebensanschauung und Wirklichkeitsverständnis des Menschen zunehmend von einem wissenschaftlichen Weltbild geprägt. Im Zuge dieser neuen Sicht der Welt wurde nun den Erscheinungen und Ereignissen endgültig das Wunderbare abgesprochen, Dinge zu toter Materie erklärt, Pflanzen und Tieren ihre Beseeltheit genommen und sogar dem Menschen eine unsterbliche Seele abgesprochen, da sie mit wissenschaftlichen Mitteln nicht nachzuweisen war. Der Kosmos mit allem was er enthielt wurde zu einem Zufallsprodukt erklärt, zu einer seelenlosen Maschine, die meßbar war und berechenbaren Gesetzen folgte.

Doch hat uns der enorme technische Fortschritt, der mit den Ergebnissen wissenschaftlicher Forschung einherging, auch einen Wohlstand beschert, der uns in einem nie gekannten Maß die Möglichkeit gibt, uns um die wesentlichen Dinge im Leben zu kümmern, da für das Überleben in überreichem Maße gesorgt ist. Doch wissen die meisten Menschen mit dieser neuen Freiheit noch wenig anzufangen. Mit der Freizeitgestaltung trat ein neues Problem auf den Plan, Langeweile und "Null Bock"-Mentalität sind vor allem unter den Jugendlichen nie dagewesene Erscheinungen, die mit dieser neuen Zeit einhergehen.

Eine Minderheit wandte sich auf ihrer Suche nach einem tiefen, inneren Glück nun dem ursprünglichen Christentum, östlichen Religionen, indianischer Kultur oder germanisch-keltischen Überlieferungen zu, in denen das Wissen um die innere Ganzheit des Lebens noch nicht verloren gegangen war. Doch wurde von dem Großteil der Menschen die Erfüllung ihrer Sehnsucht nach Glück nun vollständig nach außen projiziert und für machbar gehalten. Auch das Glück sollte berechenbaren Gesetzen folgen. Die gesamte Schulbildung wurde dem wissenschaftlich rationalen Weltbild angepaßt und das von der Physik und der Darwin'schen Evolutionstherorie begründete Verständnis dient auch heute noch als gängiges Erklärungsmodell unserer Wirklichkeit.

Die endgültige Abspaltung der Heilkunde von der Religion war ein weiteres Zeichen für die zunehmende Abspaltung des Menschen von seiner spirituellen Ganzheit. Selbst das Seelenheil, bisher Domäne der Kirche, wurde schließlich der Wissenschaft überlassen und der modernen Psychologie unterstellt, die neben einigen sehr wertvollen Ansätzen bald auf eine weitgehende Anpassung des Menschen an die vorherrschende Sicht der Wirklichkeit sowie die etablierte Gesellschaftsform abzielte.

So wurde dem Menschen der Zugang zu den ekstatischen inneren Erfahrungen immer mehr versperrt, da sie mit den zur Verfügung stehenden wissenschaftlichen Mitteln nicht erklärbar und erfaßbar sind und den Menschen aus dem gewünschten Konsumverhalten und der Manipulierbarkeit in eine innere Freiheit entlassen würde, die nicht erwünscht ist und somit auch nicht gefördert wird.

Doch schließlich war es die Wissenschaft selbst, die dem ursprünglichen Wissen der Religionen wieder zu ihrem angemessenen Platz verhalf. Mit der Erforschung des Mikrokosmos verwandelte sich das festgefügte Weltbild plötzlich in einen Tanz der Energien, eine Vorstellung, die seit jeher von verschiedenen östlichen Religionen vertreten wird. Albert Einstein (1879 - 1955) zeigte auf, daß Raum und Zeit keine absolut feststehenden Größen sind, sondern den Umständen entsprechend veränderlich, und näherte sich damit dem überlieferten Wissen von dem Illusionscharakter von Raum und Zeit. Dieses Wissen wird durch die Erfahrung in tiefer Meditation bestätigt, in der mit dem Erlebnis innerer Einheit die Zeit still steht und sich die räumlichen Begrenzungen auflösen. Die Bibel benutzt hierfür den Begriff "Ewigkeit", der nicht etwa eine endlos lange Zeit, sondern das Aufhören aller Zeit meint. Schließlich wurde unter dem Druck entsprechender Experimente sogar dem unser Weltverständnis bestimmenden Kausalitätsprinzip, dem Prinzip von Ursache und Wirkung, der Boden entzogen und durch das Phänomen der Synchronizität, also der Gleichzeitigkeit ersetzt. Und wenn die neuere Quantenphysik von einem vereinheitlichten Feld spricht, einem Bereich der geringsten Anregung der Materie, der alle angeregten Zustände latent enthält und aus dem heraus sie in Erscheinung treten, so erinnert das unübersehbar an die Schöpfungsgeschichten aller großen Religionen. Heute kommt selbst die Physik, die "materialistische" Wissenschaft par excellence, ohne das Postulat eines transzendenten Geistes als Grundlage der materiellen Prozesse nicht mehr aus.

Nicht wenige Wissenschaftler fanden über ihre Forschung zu einem Verständnis des Lebens zurück, das eine intelligente Kraft als Ursache aller Erscheinungen annimmt. David Bohm (geb. 1917), Einsteins Musterschüler in Princeton, Professor für theoretische und experimentelle Physik sagt beispielsweise:

"Die Ergebnisse der modernen Wissenschaften ergeben nur noch einen Sinn, wenn wir eine innere, einheitliche, transzendente Wirklichkeit annehmen, die allen äußeren Daten und Fakten zugrunde liegt."

Gemäß seiner Theorie der "impliziten Ordnung" liegt hinter der Welt der einzelnen Bestandteile, wie wir sie wahrnehmen, eine implizite Ordnung verborgen, in der alles mit allem verbunden ist.

Selbst die grundlegende Erkenntnis der Weisen, daß sich mit dem Wahrnehmenden auch die Wahrnehmung der sogenannten äußeren Welt ändert und somit jede Erkenntnis der Welt auf einer Erkenntnis des Erkennenden beruhen muß, wurde durch die Physik bestätigt. Der Physiker Werner Heisenberg (1901 - 1976) fand heraus, daß sich "Faktoren, die man beobachtet, aufgrund der Beobachtung ändern." So erscheint dem Wissenschaftler beispielsweise die physische Realität als teilchenartig oder wellenförmig, je nach seiner Perspektive. Auf die innere Einheit zwischen dem Wahrgenommenen und dem Wahrnehmenden übertragen, würde hierbei die "Teilchennatur" eher dem Erleben des Menschen aus dem Bewußtsein einer getrennten Individualität heraus entsprechen, die "Wellennatur" dem Bewußtsein innerer Verbundenheit mit allem Leben.

So stand die Wissenschaft unerwarteter Weise vor dem Phänomen, daß sich die Aussagen der neuesten Physik ebenso in den jahrtausendealten Überlieferungen der spirituellen Traditionen wiederfanden wie in der Beschreibung der Erfahrungen in tiefer Meditation.

Diese Bestätigung durch die Wissenschaft bietet nun auch dem modernen, von der wissenschaftlich-rationalen Denkweise geprägten Menschen die Möglichkeit, die tiefen Erkenntnisse der Mystiker und Weisen aller Zeiten zu akzeptieren, um zu einer erweiterten Sicht der Wirklichkeit zu gelangen. Noch geschieht der Prozeß der Assimilation dieser Erkenntnisse äußerst langsam. Zum einen ist es eine Eigenschaft des Menschen, sich nur sehr schwer von alten, überholten Denkgewohnheiten zu lösen, zum anderen kann die direkte Erfahrung dieser Wirklichkeit, die sie erst zu einem persönlichen Wert für uns macht, allein durch eine innere Öffnung dafür erlangt werden. Doch jene Menschen, die in ihrem Herzen das Wissen um die tieferen Wahrheiten nie ganz verloren hatten und unbeirrt von der vorherrschenden Strömung der Zeit ihren eigenen Weg gegangen sind, bekommen hiermit eine Rückendeckung von gänzlich unerwarteter Seite. Von den großen, zur Zeit lebenden spirituellen Meistern ist es neben dem Sufi-Meister Pir Vilayat Khan vor allem Maharishi Mahesh Yogi, der an einer Synthese der alten Weisheit mit der modernen Wissenschaft arbeitet, einer Synthese, die nicht nur das überlieferte Wissen bestätigt, sondern auf der anderen Seite auch die neuesten Ergebnisse der Wissenschaft für den Menschen unmittelbar erfahrbar macht.

Schauen wir nun, was uns die alten Weisheitslehren und religiösen Überlieferungen zu unserer Suche nach Glück zu sagen haben. Hierzu möchten wir buchstäblich zurückgehen bis zu Adam und Eva, beziehungsweise zu dem Ursprung der Schöpfung, ihrem Sinn und Zweck. Ein Verständnis dieser tiefen Zusammenhänge des Lebens kann dir helfen, die Methode des Einverstandenseins, die das eigentliche Thema dieses Buches ist, optimal anzuwenden. Sie kann dein Vertrauen in die Sinnhaftigkeit deines Daseins und aller Ereignisse in deinem Leben stärken, so daß du sie annehmen und integrieren kannst, um so zu einer größeren Ganzheitlichkeit zu wachsen.

Der letzte Urgrund der Schöpfung wird in den Religionen mit dem Begriff Gott bezeichnet, wobei wir bei näherem Hinsehen häufig eine Unterscheidung zwischen einem persönlichen und einem überpersönlichen Aspekt Gottes finden. Gott-Vater, Ishvara, Allah oder Großer Geist sind beispielsweise Begriffe, die für den persönlichen Aspekt Gottes stehen. Brahman, Tao, das Absolute oder die Einheit bezeichnen den überpersönlichen Aspekt Gottes, von dem wir uns gemäß der Bibel kein Bild machen sollen.

Symbol der Einheit im Zen

Die absolute göttliche Einheit wird nicht nur als ein Bereich reiner Glückseligkeit beschrieben, in ihr liegt auch alles Wissen um die Schöpfung begründet, ähnlich wie in einem Samenkorn das Wissen um den gesamten Baum ruht, um seine innere Struktur und seine äußere Gestalt ebenso wie um alle Stadien seines Wachstums.

Durch einen Akt der Selbsterkenntnis des Göttlichen entsteht innerhalb dieser ungeteilten Einheit die erste Dualität: ein Erkennender und ein "Objekt" der Erkenntnis. Das in der Einheit enthaltene Wissen beginnt nun Leben zu atmen und die Schöpfung manifestiert sich. Die Upanishaden sagen dazu:

Bevor die Welt erschaffen wurde, war sie Brahman.
"Ich bin Brahman", so erkannte Brahman sich selbst.
Da er sich selbst erkannte, wurde er zum Selbst in allen Wesen.
(Brihadaranyaka Upanishad)

Der christliche Mystiker Meister Eckhart (1260 - 1328) hat aus seiner inneren Schau heraus die gleiche Wahrheit folgendermaßen beschrieben:

Im klaren Spiegel der Ewigkeit,
dem ewigen Sich-selbst-wissen des Vaters,*
da gestaltet er ein Abbild seiner Selbst,
*seinen Sohn**.*
In diesem Spiegel bilden sich alle Dinge ab
und man erkennt sie darin,
freilich nicht als Kreaturen,
sondern als Gott in Gott.

Bei den Chinesen finden wir das Wissen um Einheit und Dualität in dem Symbol von Yin und Yang ausgedrückt. Der allumfassende Kreis des Tao wird durch eine wellenförmige Linie in die hell und dunkel gezeichneten Bereiche des Yin und Yang geteilt, von denen jeder wiederum den Gegenpol als einen Punkt in sich enthält. Yang steht

* das "Ich bin Brahman" der Upanishaden.
** das Christusbewußtsein oder "das Selbst in allen Wesen" der Upanishaden.

für die männliche, schöpferische Kraft, für den “Erkennenden”, während Yin für die weibliche, empfangende Kraft steht, für “das Objekt der Erkenntnis”, dessen verborgenes Leben erst durch den Akt des Erkennens geweckt wird. Yin und Yang sind in allem enthalten, was existiert, wenn auch in unterschiedlicher Proportion. Es ist das ewige Spiel von Yin und Yang innerhalb der Einheit, das die Welt der Gegensätze erzeugt und damit die vielfältigen Erscheinungen der sichtbaren Schöpfung hervorbringt.

Polarität:	Polarität:
weiblich	männlich
Yin	Yang
sein	tun
empfangen	geben
einatmen	ausatmen
Nacht	Tag
Tod	Geburt
Wellental	Wellenberg
Minuspol	Pluspol

Die Polarität in der Ganzheit

Auch die Hindus kennen die Unterteilung in einen männlichen, schöpferischen Impuls und eine weibliche Kraft, die den schöpferischen Samen empfängt und die Welt der Erscheinungen daraus gebiert. Gemäß der indischen Mythologie besitzen die verschiedenen Aspekte Gottes wie auch ihre Inkarnationen immer eine weibliche Ergänzung, wie beispielsweise Shiva-Shakti, Brahma-Sarasvati, Krishna-Radha usw. Die Schöpfung ist ein Spiel der Liebe dieser dualen Energie.

In unserem Kulturkreis sprechen wir vom "Himmlischen Vater" und "Mutter Erde" als Ausdruck des Schöpfers und des Geschaffenen. Auch unser Wort "Materie", als Bezeichnung für die sichtbare, greifbare Welt, ist vom lateinischen "Mater" (Mutter) abgeleitet.

Fragen wir uns nun, wo wir dabei als Mensch stehen. In der Schöpfungsgeschichte des Alten Testaments finden wir die Erzählung von Adam (hebr. Mensch/Erde) und Eva (hebr. Leben) im Paradies. Paradies heißt wörtlich "dem Tag gleich". Hiermit wird der Zustand der Einheit bezeichnet, in dem es keine Unterscheidung gibt zwischen Tag und Nacht, Gut und Böse. Eva (das Leben) ist aus Adam (der Mensch/die Erde) hervorgegangen. Ihre Namen stehen symbolisch für das Leben, das aus dem menschlichen bzw. irdischen Dasein hervorgeht. So deuten sie bereits an, was kommen muß. Die Schlange verführt sie dazu, vom "Baum der Erkenntnis" zu essen. In der christlichen Mythologie ist sie das Sinnbild für den Gegenspieler Gottes, der die Menschen zum "Leben in der Welt" verführt. Den Gnostikern war die Schlange, die ihr eigenes Ende fassen kann und so zu einem Kreis wird, Symbol des Universums mit seinen Zyklen von Werden und Vergehen. Indem Adam und Eva sich für das Wissen um "Gut und Böse" entschieden hatten, wurden sie aus dem Paradies vertrieben. Sie erkennen ihr "Geschlecht", ihre Verschiedenheit, treten also ein in die Welt der Dualität.

Adam und Eva im Paradies

Auch auf die Frage, zu welchem Zweck dies geschah und nach dem Willen des Schöpfers geschehen mußte, geben uns die Religionen eine Antwort. Hierzu möchten wir aus der Lehre der Sufis (die den spirituellen Kern des Islam repräsentieren) zitieren:

> *"Gott hat die Welt erschaffen, damit er von der Welt erkannt und anerkannt werde, der Mensch ist das Auge, mit dem Gott sich selbst sieht. Er ist das Endpro-*

*dukt der Reise in die Welt des Schöpfungsablaufes, ist Höhepunkt und Wendepunkt, an dem die äußere Reise endet und die Heimreise beginnt."**

Nur durch den Akt der Abtrennung von Gott, durch das Heraustreten aus der absoluten Einheit ist es also möglich, daß Gott sich bewußt im Menschen erkennt. Der Mensch muß sich absondern, muß sündig werden. (Hier besteht eine Wortverwandschaft zu dem Althochdeutschen "Sund" = Graben, Trennung. Sünde können wir als eine "Absonderung" verstehen). Er muß die Erfahrung eines von der Einheit getrennten Ich durchlaufen, um bewußt und aus freiem Willen zur Einheit zurückzukehren. Dann sind ihm "alle Sünden vergeben", die Absonderung hört auf. Während wir weiterhin in der Welt der Dualität leben, ist diese Welt für uns nun von dem Bewußtsein der inneren Einheit durchdrungen, wir haben eine innere Freiheit erlangt, die unser Leben wahrhaftig in ein Spiel, in ein Fest der Freude verwandelt.

Die Bibel kennt das Beispiel vom verlorenen Sohn. Während ein Sohn beim Vater bleibt, verläßt der andere Sohn sein Zuhause und geht hinaus in die Welt. Bereichert mit der Erfahrung der Welt, kehrt er schließlich aus eigenem Entschluß zurück und seine Rückkehr ist Anlaß zu einem großen Freudenfest.

Fragen wir uns nun also, auf welche Weise wir zur inneren Einheit zurückkehren können, so finden wir in allen religiösen Traditionen den Weg des Herzens als einen für jeden Menschen gangbaren Weg zur Vereinigung mit dem Göttlichen beschrieben.

* Zitat aus: "Religionen des Ostens" von Anne Bancroft, Theseus-Verlag, Zürich, 1974

Durch die Liebe schwingen wir uns ein in das Wesen Gottes, das in seiner Essenz nichts anderes als Liebe ist.

"Gott aber ist die Liebe
und wer in der Liebe ist,
der ist in Gott und Gott in ihm."
(1. Johannes 4, Vers 16)

Liebe aber bedeutet ein aus dem Herzen kommendes Einverstandensein. Ein solches Einverstandensein hebt jegliche Trennung auf, erweitert unser Herz, um immer größere Bereiche des Lebens in unser Sein mit aufzunehmen und schließlich in der Vereinigung mit allem Lebendigen, der "mystischen Hochzeit" (unio mystica) Erfüllung zu finden.

Wann immer wir mit dem Herzen einverstanden sind, beginnt das Leben in uns zu fließen und uns jene Geheimnisse zu offenbaren, die allein mit dem Herzen erkannt werden können. Das tiefste dieser Geheimnisse aber ist die innere Einheit allen Lebens, die ihrem Wesen nach Seligkeit ist.

Die Erfahrung dieser Einheit ist uns viel näher, als wir vielleicht denken. Wenn in einer Nacht unter freiem Sternenhimmel, oder bei einem Sonnenaufgang, der den Himmel in rotes, violettes und goldenes Licht taucht der Anblick dieser Wunder unser Herz öffnet, können wir etwas viel größeres fühlen als unser eigenes Wesen, können uns auf wunderbare Weise eins fühlen mit der uns umgebenden Natur und vielleicht etwas von der Liebe und Freude erahnen, mit der all dies ins Leben gerufen wurde. Auch wenn wir uns in der Liebe zu einem anderen Wesen für Augenblicke selbst vergessen, das Glück zulassen, das in dieser Vereinigung liegt, können wir über unsere Individualität hinausgehen und mit einer größeren Wirklichkeit verschmelzen. Unser Herz ist das Tor zum Herzen des Universums, über die Liebe gelangen wir zu unserem innersten Wesen, in dem das Wissen um die innere Einheit unversehrt bewahrt blieb und bekommen einen Geschmack von der Seligkeit, die in der Vereinigung mit dem Leben selbst liegt. Osho drückt den zentralen Wert der Liebe sehr deutlich aus, wenn er sagt:

> *"Liebe ist die einzige Realität,*
> *die es sich lohnt zu leben.*
> *Alles andere ist sekundär.*
> *Was zur Liebe beiträgt ist gut,*
> *der Rest ist gleichgültig.*
> *Alles andere ist nur Mittel zum Zweck*
> *und der Zweck ist Liebe."*

Liebe ist die vereinigende Kraft des Lebens, die die verstreuten Enden unseres Daseins wieder zu einem Ganzen fügen kann. Obwohl wir uns alle nach Liebe sehnen, fällt es uns jedoch schwer, unser eigenes Herz zu öffnen, die Liebe *in uns* zuzulassen und spontan zu leben.

Auf unserer Wanderung durch das Leben haben wir das Wissen um die innere Einheit alles Geschaffenen verloren und begonnen, im Außen zu suchen. Damit machten wir unser Glück abhängig von äußeren Bedingungen und von der Zuneigung anderer. Unser gesamtes Verhalten anderen Menschen gegenüber wird letztendlich durch die Sehnsucht nach Liebe und Anerkennung bestimmt. Sie ist der eigentliche Grund für unsere Anpassung an gesellschaftlich sanktionierte Werte oder an das Wertesystem einer Gruppe, der wir uns zugehörig fühlen. Die Betonung einer individuellen Eingenart hingegen ist ein Versuch, aus den mit dieser Anpassung verbundenen Zwängen auszubrechen. Sie ist für viele ein Schritt in die Freiheit, der jedoch nicht automatisch zu einem tieferen Einklang mit den Gesätzmäßigkeiten des Lebens führt.

Unser Herz verschenken wir nur an einen ausgewählten Partner. Doch anstatt die Liebe zu ihm als ein Tor zu einer umfassenderen Wirklichkeit zu erkennen, zu einer allumfassenden Liebe, die auch andere Menschen und Wesen mit einschließt, erwarten wir von unserem Partner, daß er unsere innere Leere ausfüllt, unser Selbstwertgefühl aufpoliert und unserem Leben den verlorengegangenen Sinn wiedergibt. Er soll uns zur Erfüllung unserer Sehnsüchte und Bedürfnisse dienen und um dies sicherzustellen, soll er uns ausschließlich gehören. Diesen Ansprüchen kann jedoch auf die Dauer kein Partner gerecht werden.

Haben wir unsere Suche nach Glück noch nicht aufgegeben, so ver-suchen wir vielleicht, das verlorengegangene Paradies in einer neuen Partnerschaft zu finden, oder aber in einer Änderung der äußeren Bedingungen, die unser Leben bestimmen. Wir beginnen, unsere Hoffnung in die Zukunft zu setzen und denken "wenn ich nur den passenden Partner hätte, den richtigen Beruf, die gewünschten Fähigkeiten, die richtige Lösung für meine Probleme, wenn ich nur genug Erfahrung besäße, reich genug, schön genug oder kreativ genug wäre, wenn ... wenn ... wenn ... – dann könnte ich endlich glücklich sein."

Erfüllt sich einer unserer Wünsche, erleben wir eine kürzere oder längere Zeit der Zufriedenheit, doch meldet sich bald schon der nächste Wunsch, der unsere Unzufriedenheit fortsetzt, da er noch nicht erfüllt ist.

Das Bedürfnis nach "mehr und mehr" ist ein natürlicher Antrieb im Leben des Menschen, der ihn letztendlich wieder in seine innere Heimat zurückführen wird. Solange wir jedoch allein im Außen suchen, werden wir den Weg dorthin nicht finden. Unter Umständen kann unsere Suche auch in einer Sucht stecken bleiben. Damit ist nicht nur Drogenkonsum oder Alkoholmißbrauch gemeint, sondern auch all die gesellschaftlich anerkannten oder sogar geförderten Süchte wie zum Beispiel Rauchen, übermäßiger Sex, Arbeitssucht, übersteigerter Leistungs- und Anerkennungstrieb, Spielsucht, Eßsucht, Magersucht und vieles mehr. Die Liste ließe sich fast endlos fortführen, da wir in der Hoffnung auf Erfüllung alles im Außen zum Objekt einer Sucht machen können.

Doch wird eines Tages das Leid unserer unerfüllten Suche oder aber die Erkenntnis, daß auch die Erfüllung immer neuer Wünsche im äußeren Bereich des Lebens unsere Sehn-sucht nach einem dauerhaften Glück nicht zu stillen vermag, bereit machen, uns jener einen tiefen Wahrheit zu öffnen, die unser gesamtes Leben in all seinen Ausdrucksformen bereichern und in einen Ausdruck unbegrenzter Liebe und Freude verwandeln kann.

Das Interesse und die Öffnung für verschiedene Formen der Meditation, Therapie und Heilung, die den Menschen in seiner spirituellen Ganzheit miteinbeziehen, sind wertvolle Ansätze, diese Quelle zu erschließen. Doch besteht auch hierbei die Gefahr, daß wir sie als ein Mittel benutzen, um dem Leid auszuweichen, anstatt es anzunehmen und hindurchzugehen.

Allein durch das Einverstandensein kann auch das Leid als ein Wegweiser erkannt und als ein Mittel verstanden werden, das dem Wachstum zur inneren Ganzheit dient. Wie wir in den folgenden Kapiteln aufzeigen werden, öffnet uns das Einverstandensein für die Energien und Botschaften, die in jeder Situation enthalten sind. Es kann uns zeigen, daß hinter all unseren Schmerzen und unserem Leid, unseren Ängsten und Aggressionen die Sehnsucht nach Liebe und Vereinigung verborgen liegt. Auch kann es uns lehren, wie wir diese Kraft wieder in ihrer ursprünglichen Bedeutung erfahren und zulassen können, so daß sie zu einem natürlichen Motor und Antrieb für die Entfaltung unseres inneren Glückspotentials wird.

Jede Schwierigkeit hat eine Botschaft für dich

Wie wir gesehen haben, ist die Schöpfung das manifestierte Wissen, das in seiner ruhenden oder unmanifestierten Form in Gott enthalten ist. Die Manifestation dieses Wissens ist der Kosmos mit allem, was er enthält. Das Wort Kosmos kommt aus dem griechischen und bedeutet Ordnung. Mit kosmischen Gesetzen sind also nicht etwa die Bewegungen der Himmelskörper gemeint, sondern die inneren Gesetze des Lebens, die die ganze Schöpfung durchziehen.

Wenn wir also davon ausgehen, daß der Kosmos mit allem, was er enthält kein Zufallsprodukt ist, sondern spezifischen Gesetzmäßigkeiten unterliegt und somit Sinn und Bedeutung hat, sind folglich auch Schwierigkeiten und Leid in unserem Leben nicht etwas im üblichen Sinne Zufälliges. Sie fallen uns – wie der ursprüngliche Gebrauch des Wortes sagt – gesetzmäßig zu und sind somit ebenso sinn- und bedeutungsvoll wie alles Leben im Universum.

Um die innere Bedeutung von Problemen und leidvollen Erfahrungen bis zu ihren Wurzeln hin aufzuzeigen, möchten wir den großen Bogen, den wir im vorausgegangenen Kapitel auf der Suche nach Glück gespannt haben, noch einmal spannen, diesmal jedoch unter dem Gesichtspunkt der Entstehung von Leid.

Der natürliche Kreislauf des Lebens – von der Einheit in

die Vielfalt und wieder zur Einheit – wird getragen von der Kraft der Evolution. Als Ausdruck des Schöpfungswillens bringt sie alle sichtbaren und unsichtbaren Universen mit ihren unendlich vielfältigen Ausdrucksformen hervor, mit den Wundern des Makrokosmos und des Mikrokosmos, um in der Erzeugung eines Bewußtseins zu gipfeln, das diesen unermeßlichen Reichtum der Schöpfung erfassen und erfahren kann.

Im Erleben der Größe und Vielfalt dieser Schöpfung führt die gleiche Kraft der Evolution in ihrem natürlichen Weiterschreiten zur ursprünglichen Einheit zurück. Als Mensch sind wir eingebettet in diesen Kreislauf der natürlichen Entwicklung. In ihrem Verlauf treten wir aus der Einheit heraus wie eine individuelle Welle auf dem Ozean des Seins. Bei dieser Reise in die Individualität trennt sich unsere bewußte Wahrnehmung vorübergehend von der Erfahrung der inneren Einheit, während das Wissen um diese Einheit an der Basis unseres Seins, in unserem innersten Selbst unbewußt erhalten bleibt. Erst durch diese Trennung wird es möglich, alle Ebenen des Erlebens zu erschließen und die Freude an der Rückkehr zur Einheit in ihrer ganzen Tiefe zu erfahren.

"Die Freude am Licht
resultiert aus der Erfahrung
der vorausgegangenen Dunkelheit"

(Maharishi Mahesh Yogi)

Wenn du einmal eine Nacht draußen in der freien Natur verbracht hast, um deine Seele beim allmählichen Heraufdämmern des Morgens dem zunehmenden Licht zu öffnen und schließlich in einem herrlichen Sonnenaufgang gemeinsam mit der Natur die Geburt des neuen Tages zu feiern, kannst du vielleicht etwas von der Freude und dem Wunder nachvollziehen, das sich in diesem Wechsel zwischen Dunkelheit und Licht ausdrückt. Doch wie der Anbruch des Morgens besitzt auch die Abenddämmerung ihren besonderen Reiz, wenn die Aktivitäten des Tages zur Ruhe kommen und die hereinbrechende Nacht uns bereit macht für das Erleben von Stille, die Grenzen sich allmählich auflösen und in der Dunkelheit die Weite des Universums mit seinen verborgenen Welten sichtbar wird.

"Während der Heimkehr staunte ich über 400 000 Kilometer hinweg die Sterne und den Planeten an, von dem ich gekommen war. Da spürte ich mit einem Male die Intelligenz, die Liebe und die Harmonie im Universum."

Edgar Mitchell,
Astronaut (USA)

Die Freude am Spiel der Schöpfung liegt im ewigen Wechsel verborgen, in den Rhythmen von Ruhe und Aktivität, von Tag und Nacht, von Berg und Tal, von Geben und Empfangen. Die Musik der Schöpfung wird von diesen Rhythmen getragen, die von der Wellenbewegung der kleinsten Materieteilchen über das lebendige Pulsieren des Blutes in unserem Körper bis zu den großen Schöpfungszyklen schwingen.

So unterliegt als Teil der Schöpfung auch die menschliche Evolution einem Zyklus, in dessen Verlauf es zur Ausbildung eines Ich kommt, das aus dem Bewußtsein der Unbegrenztheit und Ewigkeit hinaustritt in die Begrenzungen von Raum und Zeit. Als Mensch haben wir den freien Willen erhalten, uns so weit und so lange von der inneren Einheit zu entfernen wie wir es wollen. Bewegen wir uns jedoch zu weit von ihr fort, entsteht Leid, ähnlich wie bei einem kleinen Kind, das sich im Spiel von der Mutter entfernt hat und sie nun nicht mehr findet. Doch während das Kind noch weiß was ihm fehlt, vergessen wir es. Was bleibt ist ein Gefühl unbestimmter Leere und Verlassenheit. Überdies gibt das Bewußtsein mit dem Verlust der Einheit auch die Fähigkeit auf, spontan im Einklang mit den Gesetzen der Schöpfung zu leben.

Auf sich selbst gestellt versucht das Ich nun, mit den ihm eigenen Mitteln sein eigenes Paradies zu schaffen. Zunächst muß es sich, um eine eigenständige Identität zu entwickeln, immer weiter abgrenzen. Ein Ich zu haben bedeutet ja immer, daß auch ein Nicht-Ich vorhanden sein muß. So errichtet das Ich in der Grenzenlosigkeit des inneren Seins Grenzen, die es als Folge nun auch verteidigen muß. Es beginnt, das Leben in ein Außen und Innen zu unterteilen und sich nur mit bestimmten Lebensbereichen zu identifizieren, die anderen aber aus dem Bewußtsein zu verdrängen. So wird es zum Schöpfer seiner eigenen Welt. In Erinnerung an die Geborgenheit und Sicherheit, die im Einklang mit den kosmischen Gesetzen liegt, schafft sich das Ich nun eigene Regeln und Gesetze. In Erinnerung an das Glück der Einheit will es auf seine Weise Einheit herbeiführen – im persönlichen Bereich über die Ergänzung der fehlenden Hälfte durch einen Partner, auf der kollektiven Ebene über die Integration in eine Gruppe oder Gesellschaft. In Erinnerung an das enorme Wissen des inneren Selbst sucht das Ich Dinge und Erscheinungen zu erklären und intellektuell zu erfassen, in Erinnerung an den inneren Reichtum will das Ich nun seine Welt ganz in Besitz nehmen. Hinter all diesen Bemühungen steht letztendlich die Sehnsucht, den Zustand der Einheit wieder herbeizuführen. Es liegt in der Natur des Ich begründet, daß das Resultat immer unvollkommen bleiben muß.

"Was das Ich in sich begreift,
ist vielleicht der kleinste Teil von dem,
was ein vollständiges Bewußtsein
in sich begreifen müßte."
(C.G. Jung)

Doch will das Ich es nicht wahr haben, daß sein Status begrenzt ist. Erst wenn der Mensch sich diese Begrenztheit seines Ich eingesteht, kann es sich schließlich zum Selbst erweitern. Bereichert mit der Erfahrung eines individuellen Ich öffnet sich der Mensch wieder der Unbegrenztheit seines inneren Seins, um es zur Vervollkommnung und Erfüllung seines individuellen Lebens zu integrieren.

Während wir uns bei dieser Wanderung noch auf dem Weg in die Individualität befinden und uns somit immer weiter von der Einheit entfernen, ist unser Selbst immer bereit, uns zur Einheit zurückzuführen und es schickt uns als Hinweis, daß wir aus der Einheit und damit aus dem Einklang mit den kosmischen Gesetzmäßigkeiten herausgefallen sind, die Erfahrung des Leids. Demnach bedeutet Leid immer, daß wir einen Teil des Lebens auszugrenzen versuchen oder negieren. Doch anstatt das Leid als Hinweis für unsere Einseitigkeit zu betrachten, verneinen und verdrängen wir es zusammen mit dem abgelehnten Lebensbereich. Hierbei werden beide miteinander verschmolzen und wir erkennen nicht mehr, daß es die Ablehnung selbst ist, die den Schmerz verursacht, sondern projizieren den Schmerz auf den abgelehnten Bereich. So machen wir diesen Bereich allein durch unsere Ablehnung zu einem Feind und wir meinen nun, vor diesem selbsterzeugten Feind fliehen oder ihn bekämpfen zu müssen.

Nun besagt das Gesetz der Erhaltung der Energie, daß nichts im Universum verloren gehen kann, es kann nur seine Form wandeln. Ebensowenig können wir etwas, das zu uns gehört, vernichten bzw. für nichtig erklären. Es wird uns in einem neuen Gewand wieder entgegentreten. Da wir es in uns ablehnen, nimmt es nun den Anschein eines von außen kommenden, leidvollen Schicksals an und wir glauben, daß irgendwo dort draußen irgendwelche Bedingungen bestehen, die uns diese oder jene Widerwärtigkeiten erleben lassen. So fühlen wir uns in aller Regel als die unschuldigen Opfer des Geschehens in unserem Leben.

Die Botschaft, die hinter all unseren Schwierigkeiten, unseren Problemen und Krankheiten steht, kann jedoch auf einen einfachen Nenner gebracht werden: Du bist aus der Einheit herausgefallen, kehre zu ihr zurück. Die Gesichter, in denen diese Botschaft sich zeigt, sind so vielfältig wie das Leben selbst und dennoch liegt dieser gemeinsame Nenner hinter all den äußeren Erscheinungsformen des Leids verborgen.

Zusammenfassend können wir also sagen, daß die Abtrennung vom dem Bewußtsein der Einheit mit Leid verbunden ist und unser Ich versucht, dieses Leid wieder aufzuheben, indem es die Ergänzung durch einen Partner, Anerkennung und Liebe von Seiten anderer und der Gesellschaft usw. sucht. Oft genug sind diese Versuche vergeblich, wodurch sich das Leid vertieft. Doch können sie auch vorübergehend erfolgreich sein und uns ein gewisses Gefühl von Einklang und Geborgenheit vermitteln. Um dies zu erreichen müssen wir jedoch wiederum Eigenschaften und Wünsche in uns verleugnen, da sie mit den in uns gestellten Erwartungen nicht übereinstimmen. Diese Verleugnung erzeugt weiteres Leid und die verdrängten Bereiche kommen zu uns in Form eines unliebsamen Schicksals zurück. Wir geraten in einen Teufelskreis, aus dem wir nur ausbrechen können, wenn wir aufhören zu negieren, auszugrenzen und zu verdrängen.

Auch die Psychologie konnte schließlich an diesen Wahrheiten nicht ganz vorbeigehen. Dem unvoreingenommenen Geist von C.G. Jung (1875 - 1961), haben wir es zu verdanken, daß von ihrer Seite zum ersten Mal ein klareres Licht auf die Zusammenhänge der menschlichen Probleme geworfen wurde. Jung bezog die zeitlosen Wahrheiten östlicher Weisheitslehren in seinen Denkansatz mit ein und kam so zu einem Bild, das bis heute als Grundlage einer Psychologie dient, die in einem gewissen Rahmen auch der spirituellen Seite des Menschen Rechnung trägt.

Nachdem Freud bereits festgestellt hatte, daß in der Seele des Menschen nichts spurlos verschwinden kann, entwickelte Jung das Konzept des Schattens, das später von vielen holistisch denkenden Psychologen, Therapeuten und Astrologen übernommen wurde. Alles, was der Mensch nicht sein möchte, was er nicht akzeptieren will oder nicht ertragen kann, verdrängt er aus seinem Bewußtsein in den Schatten. Doch folgt ihm dieser Schatten “auf dem Fuße”, er meldet sich und begegnet uns immer wieder in Form von Problemen, von Krankheiten und sogenanntem Unglück.

Da das Konzept des Schattens recht gut geeignet ist, die bisher aufgezeigten philosophischen Zusammenhänge auch von der psychologischen Seite her zu beleuchten, werden wir es in unseren weiteren Ausführungen miteinbeziehen. Wir gehen hierbei jedoch von einem etwas anderen Menschenbild aus, als die Jung'sche Psychologie.

Eine wichtige Voraussetzung, um den Menschen in seiner Ganzheit zu erfassen, die seine bisherige Entwicklung wie auch seine Entwicklungsmöglichkeiten einschließt, ist die Erkenntnis, daß unsere Seele nicht erst mit der Geburt neu entsteht.

Die Lehre von der Reinkarnation, also der Wiedergeburt der Seele, findet sich in allen großen Religionen wieder. Auch im Christentum war es Teil des Wissens, wurde jedoch beim 5. Konzil zu Konstantinopel 553 n. Chr. zusammen mit vielen anderen Teilen aus dem Kanon gestrichen, die in das Konzept der damaligen Kirche nicht hineinpaßten.

Das biblische Wissen um die Reinkarnation ist beispielsweise im Thomas-Evangelium noch enthalten, das der damaligen Zensur ebenfalls zum Opfer fiel, später aber wiederentdeckt wurde.

Diese Lehre ist als einzige wirklich geeignet, unsere individuelle Persönlichkeit, unsere Vorlieben und Abneigungen, unsere besonderen Talente und Interessen wie auch bestimmte Probleme und Schwierigkeiten im Leben zu erklären. Bei unvoreingenommenem Hinsehen reichen hierfür Vererbung und Prägung durch die Umwelt bei weitem nicht aus. Vielmehr ist es so, daß die Seele selbst eine innere Verwandschaft sowohl mit dem Erbgut als auch mit den Prägungen, die sie erfährt, besitzt und sich bei entsprechenden Eltern inkarniert, wobei sie die erworbenen Begabungen und die Erfahrungen vieler Inkarnationen mitbringt. Auch liefert allein die Reinkarnationslehre im Hinblick auf die Sinnhaftigkeit der gesamten Schöpfung eine Erklärung für die unterschiedlichen Chancen, die wir beim Eintritt in dieses Leben erhalten haben. Unsere Seele hat sich die Umstände ihrer jetzigen Inkarnation gesucht, um über genau diese Umstände zu lernen und weiter in Richtung Ganzheit zu wachsen. Sie werden durch unser sogenanntes Karma bestimmt, ein Begriff der aus dem Sanskrit kommt und wörtlich übersetzt "Tat" bedeutet. Er bezeichnet die Summe aller Konsequenzen geistiger oder körperlicher Handlungen in diesem oder einem früheren Leben.

Da wir über die Umstände unserer frühen Kindheit noch nicht eingreifend bestimmen können, sind sie besonders geeignet, uns etwas über unsere gewählte Lernaufgabe bzw. über die Voraussetzungen, mit denen wir in dieses Leben treten, zu offenbaren.

Wenn wir als Kind geboren werden, vollziehen wir sozusagen im Kleinen noch einmal den Schöpfungsprozeß nach. Im Mutterleib leben wir im Bewußtsein der Einheit, wir sind geborgen und mit allem versorgt was wir brauchen, schwerelos und zeitlos. Mit der Geburt treten wir wieder ein in die Bedingungen von Zeit und Raum, doch dauert es eine ganze Weile, bis wir vollständig zwischen Ich und Nicht-Ich unterscheiden können und ein Gefühl für räumliche und zeitliche Größen entwickelt haben, das mit dem eines erwachsenen Menschen in etwa übereinstimmt.

In dieser ersten Zeit unseres Lebens erleben wir uns selbst und die Welt als Teile ein und derselben Wirklichkeit und als nicht voneinander getrennt. In der Erfahrung dieser Wirklichkeit gibt es zunächst noch kein Bewerten oder Ausschließen, alles ist wunderbar und voller Bedeutung.

Haben wir jedoch in früheren Inkarnationen wichtige Lebensbereiche verleugnet und gegen natürliche Gesetzmäßigkeiten verstoßen, so ist in der Regel bereits die erste Kindheit von leidvollen Erfahrungen durchsetzt, die sich in gewandelter Form später in unserem Erwachsenenleben wiederholen. Die damit verbundenen Schmerzen, Ängste und Trauer wollen uns darauf aufmerksam machen, daß wir aus der Einheit und damit aus der Harmonie mit den kosmischen Gesetzmäßigkeiten herausgefallen sind.

Somit können wir auch nicht umhin, jegliche Schuldzuweisung an Eltern und Umwelt zurückzunehmen. Dennoch bedeutet unser Karma kein unabänderliches Schicksal und jede Geburt bietet grundsätzlich die Chance für einen neuen Anfang. Daraus ergibt sich für die Eltern die Aufgabe, ihr Verständnis zu erweitern, um die Seele ihrer Kinder so gut sie es vermögen auf ihrem Entwicklungsweg zu geleiten und ihnen über die karmischen Hürden hinwegzuhelfen. Darüberhinaus kann die Elternrolle als Spiegel für die eigene Entwicklung dienen und Entwicklungsschritte einleiten, die ohne die Herausforderung der Elternschaft nur sehr viel langsamer vollzogen würden. Als Eltern ziehen wir ja gerade jene Seelen an, die uns nicht nur das Glück vermitteln, das im

Einklang mit unserer eigenen Evolution steht, sondern uns auch mit jenen Problemen konfrontieren, die unseren Lernaufgaben entsprechen.

Doch kann es auch bei den besten Absichten von Seiten der Eltern geschehen, daß sich ein Kind gewisse leidvolle Erfahrungen quasi erzwingt, da seine Seele noch nicht bereit ist, aus freien Stücken bestimmte negative Strukturen aufzugeben bzw. spezifische Lernschritte zu vollziehen. Da wir jedoch alle in einer Entwicklung begriffen sind, besitzen wir als Erwachsene die Freiheit, jederzeit über die karmisch bedingten Erfahrungen unserer Kindheit hinauszuwachsen.

Schauen wir uns zunächst an, wie eine optimale Entwicklung verlaufen könnte. Lebt unsere Seele weitgehend im Einklang mit den Gesetzen des Kosmos, haben wir uns wahrscheinlich Eltern gesucht, die uns im Wissen um die natürliche Entwicklung des Menschen zunächst erlaubten, den Übergang aus der Geborgenheit des Mutterleibs in die äußere Welt mit ihren vielfältigen Eindrücken *allmählich* zu vollziehen. Bei vielen Naturvölkern ist es üblich, daß die Mutter das Kind nach der Geburt ständig in einer Trage oder einem Tuch bei sich trägt und es stillt, sobald es Verlangen danach zeigt. Dies entspricht der Seele eines Menschen, der die Urerfahrung in sich trägt, daß er geliebt wird und willkommen ist, daß er immer sofort mit allem versorgt wird, was er braucht und daß er in allen Situationen beschützt ist. Im Körperkontakt mit der Mutter erlebt er darüberhinaus bereits als Kind Körperlichkeit als etwas Natürliches und Lebendiges und entwickelt eine gesunde Beziehung zu seinem eigenen Körper.

Durch verständige Hebammen und Ärzte wächst auch bei uns langsam wieder das Verständnis darüber, wie wichtig es ist, diese allererste Zeit unseres Lebens in der Geborgenheit der mütterlichen Nähe zu verbringen. Hierdurch können die Eltern ihrem Kind helfen, ein gesundes Urvertrauen und die Zuversicht zu entwickeln, daß das Leben lebenswert ist. Sie können ihm eine Grundlage vermitteln, auf der es sich unbefangen seiner Umwelt öffnen kann.

Während das Kind nach und nach ein eigenständiges Ich entwickelt, bleibt gemäß der karmischen Entwicklung das Gefühl der Geborgenheit im Sein, der Lebensberechtigung, des "in (der) Ordnung sein" erhalten und es kann ohne Angst seine Welt erobern, seinen Willen erproben und allmählich lernen, sich zu behaupten. Seine Energien richten sich immer mehr hinaus in die Welt, wollen sie erfahren und erfassen. Hierbei stößt es nun unweigerlich an Grenzen. Es macht die Erfahrung, daß es nicht alles tun und haben kann, was ihm gefällt und dies ist zunächst ein leidvolles Erlebnis. Das Kind muß nun lernen, Grenzen zu respektieren und hierbei zeigt sich eine weitere karmische Struktur. Sind die Eltern in der Lage, das Kind bei seinem Drang nach Eroberung der Welt und Durchsetzung des Willens in einer Weise zu leiten, daß die Grenzen als sinnvoll erkannt werden, ohne die natürlichen Bedürfnisse des Kindes zu unterbinden, entspricht dies der Fähigkeit der Seele, sich in kosmische Gesetzmäßigkeiten einzuschwingen, ohne die innere Freiheit aufzugeben.

Die Urerfahrung, daß es berechtige Ansprüche auch durchsetzen kann, ermöglicht es dem Kind, auch Niederlagen hinzunehmen und verstehen zu lernen, wann seine Erwartungen und Wünsche berechtigt und wann sie unerfüllbar sind. Statt sich in ein scheinbar unabänderliches Schicksal zu fügen bzw. dagegen zu kämpfen, entwickelt es Zuversicht in das eigene Können ohne das stetige Gefühl, es nicht besser verdient zu haben oder den inneren Zwang des Siegen-müssens.

Macht das Kind nun die Erfahrung, daß es in seiner individuellen Eigenart angenommen und geliebt wird, kann es unabhängig von der Meinung und den Erwartungen anderer sein ganzes Wesen kennenlernen und erkunden, ohne Teile davon verneinen und verdrängen zu müssen. Lernt es, daß nicht nur seine Freude und Zufriedenheit, sondern ebenso seine Schwächen und Ängste, seine Unsicherheit und Wut, seine Trauer wie auch all seine Wünsche verständlich und somit in Ordnung sind, müssen sie nicht in den Schatten sinken, sondern können ihm als Wegweiser und Lehrmeister auf seinem Weg zu einem erfüllten Leben dienen.

Auf diese Weise wird die Ich-Bildung ohne viel Schatten-Bildung abgeschlossen und der erwachsene Mensch kann sich, motiviert durch den Drang, weiter zu wachsen und noch mehr Glück zu erfahren, quasi aus freien Stücken dem Selbst zuwenden. Das Ich eines solchen Menschen zeigt keine starren Grenzen, es ist nach innen und außen hin offen für Wachstum und Erweiterung. Wir finden es bei Menschen, die eine natürliche Spiritualität leben wie auch bei jenen "Erfolgreichen", die im Beruf wie im Privatleben alles erreicht haben, was sie sich wünschen und sich nun auf der Suche nach einer noch größeren Erfüllung den tieferen Wahrheiten des Lebens zuwenden. Ein nie endender Prozeß des Lernens und Verstehens beginnt, der zu immer tieferem Gewahrsein der Wunder der eigenen Existenz, des Lebens und des Kosmos führt, bis hin zu allumfassender Liebe, Weisheit und Erleuchtung. Hierbei wird das Ich des Menschen, das sich anfangs nur mit Diesem oder Jenem identifizierte, zum "Ich bin", das nichts mehr ausschließt, sondern in vollkommener innerer Freiheit und Offenheit alles Leben in sich schließt.

Schauen wir uns nun an, wie es aussieht, wenn wir uns einen leidvolleren Weg ausgesucht haben. Das Leben der meisten Menschen wird zwar eine gute Mischung aus Freud und Leid bereithalten, doch möchten wir hier die Extreme aufzeigen, damit die Strukturen klarer hervortreten. Ein leidvolles Leben bedeutet nicht unbedingt, daß wir noch meilenweit von der Selbstverwirklichung entfernt sind. Wir mögen diesen Weg bewußt gewählt haben, um schneller voranzukommen. Sobald wir innerlich bereit sind zu lernen, kann Leid unser Wachstum enorm beschleunigen. Es holt uns immer wieder aus der inneren Trägheit zurück, in die wir nur allzuleicht verfallen, solange es uns gut geht.

"Merket wohl, alle nachdenklichen Gemüter:
das schnellste Roß,
das Euch zur Vollkommenheit trägt,
ist das Leiden."
(Meister Eckhart)

Den meisten von uns war es wohl nicht vergönnt, unsere früheste Kindheit in der ununterbrochenen Geborgenheit der mütterlichen Nähe zu verbringen – in einem Tuch getragen, im Gleichklang mit den Bewegungen der Mutter geschaukelt und gewiegt. Bis heute ist es in unserem Kulturkreis üblich, ein Kind gleich nach der Geburt von der Mutter zu trennen, es in ein eigenes Bettchen zu legen, es schreien zu lassen und zu vorgegebenen Zeiten zu stillen. In diesem Fall ist es eine gewählte Aufgabe unserer Seele, durch den Schmerz der abrupten Trennung von der Geborgenheit und das damit verbundenen Gefühl der Verlassenheit und des Alleinseins einen Antrieb für die Suche nach einer tieferen Geborgenheit zu erhalten, die unabhängig ist von äußeren Bedingungen. Während dieser Schmerz zunächst noch vom Kind direkt erlebt und herausgeschrieen wird, merkt das Kind bald, daß sein klägliches Jammern und Schreien nicht nur vergeblich, sondern auch nicht erwünscht ist und es wird seinen Schmerz irgendwann in den Schatten verdrängen, um die Zuneigung der Eltern nicht zu verlieren.

Wird nun ein so essentieller Wunsch, wie der nach Geborgenheit und fürsorgender Liebe, nicht erfüllt, bleiben wir darüberhinaus in der Sehnsucht nach seiner Erfüllung stecken. Wir weigern uns unbewußt, in dem entsprechenden emotionalen Bereich weiterzuwachsen in dem unbewußten Versuch, die Erfüllung quasi zu erzwingen. Dieses Prinzip kann sich im Laufe unserer Entwicklung in verschiedenen Situationen wiederholen. Hierdurch bleiben unsere Emotionen gebunden. Wir bleiben in dem angesprochenen Bereich in unserer emotionalen Entwicklung auf einer Stufe stehen, die unserer übrigen Entwicklung nicht entspricht und verweigern uns dem Leben in seiner Ganzheit. In entsprechenden aktuellen Situationen fällt es uns schwer, emotional angemessen zu reagieren.

Da nun weder die Weigerung zu wachsen noch unsere Anpassung an die Wünsche der Eltern zur Befriedigung des ursprünglichen Wunsches führen, erleben wir hier neben dem Schmerz der Getrenntheit auch unsere Machtlosigkeit und fühlen uns später ebenso den Schicksalsmächten ausgeliefert oder aber von dem Zwang getrieben, unsere Umwelt zu kontrollieren. Aus karmischer Sicht kann dies bedeuten, daß wir etwas über den Gebrauch bzw. Mißbrauch von Macht und Einflußnahme zu lernen haben. Wir erfahren, daß wir von der Zuneigung und Fürsorge der anderen abhängig sind. Wenn wir dann als Erwachsener diese Fürsorge und Zuneigung nicht bekommen, fühlen wir uns wieder so verlassen und verloren, so voll unbestimmter Angst erfüllt wie in der allerersten Kindheit.

Wenn nun beim Kind der Eigenwille erwacht, kommt es zu den ersten bewußten Konflikten mit den Eltern. Die meisten Eltern wünschen sich ein braves, fröhliches, angepaßtes Kind ohne viel Ansprüche. Das Kind soll sie in ihren eigenen Wünschen und Bedürfnissen möglichst wenig einschränken. Statt ihm nun zu helfen, in spielerischer Freiheit seine Kräfte zu erproben, seine Grenzen kennenzulernen, seinen Körper zu erkunden und seine Gefühle zu erleben, soll das Kind lernen, aufs Wort zu gehorchen, keinen Krach zu machen, stillzusitzen und so weiter und so fort.

Fühlt es sich durch diese Forderungen in seiner Entfaltung allzusehr behindert, reagiert es zunächst mit Trotz und Zorn. Ein Kind entwickelt sehr bald ein Gefühl dafür, ob Grenzen natürlich sind oder willkürlich gesetzt, ob sie also einer sachlichen Notwendigkeit entsprechen oder auf Ängsten, mangelndem Verständnis oder vorgefertigten Erziehungskonzepten beruhen. In dieser Konfrontation mit den Grenzen spiegelt sich der Konflikt der Seele zwischen dem ursprünglichen Bedürfnis nach Freiheit und Selbstbestimmung auf der einen Seite, das im Kind noch sehr lebendig ist, und jenen eigenen Grenzen, die aus dem unbewußten Bedürfnis entstehen, in einer Struktur Geborgenheit zu erfahren. Wurde diese Geborgenheit bereits in vorausgegangenen Inkarnationen in äußeren bzw. künstlichen Strukturen gesucht, wird die Seele nun mit willkürlichen Grenzen konfrontiert.

Doch kann bei dieser Konfrontation auch ein früherer

Mißbrauch der eigenen Freiheit anklingen, der im Übergehen der Freiheit anderer lag und jetzt den Konflikt erzwingt, um durch ihn zu lernen und an ihm zu wachsen.

Fühlt sich das Kind nun in seinem Drang nach Selbstbehauptung und Durchsetzung seines Willens zu häufig willkürlich gebremst, kommt es zu einem Energiestau, den das Kind durch schreien, stampfen, hauen oder ähnliches zu lösen versucht. Je stärker der Wille des Kindes ausgeprägt ist, desto heftiger wird ein solcher Anfall sein. Ganz natürlich richtet sich diese Wut auf Gegenstände, Menschen oder Umstände, die der Erfüllung seines Wunsches offenbar im Wege stehen - ein Verhalten, das wir auch bei Erwachsenen beobachten können.

Hier können Eltern ihrem Kind in einer Weise helfen, die für die weitere Entwicklung sehr ausschlaggebend sein kann. Indem sie diese Ausbrüche als das verstehen, was sie sind und dem Kind ohne Schuldzuweisung, Strafe oder Drohung von Liebesentzug erlauben, seinen Drang nach Eroberung der Welt und Erprobung seiner Möglichkeiten auszuleben, ihm ohne Vorwürfe die notwendigen Grenzen aufzeigen, aber auch sein Leid respektieren, das bei der Konfrontation mit den gegebenen Grenzen entsteht, kann das Kind am ehesten lernen, sich aus freiem Willen heraus in Gesetzmäßigkeiten zu fügen, ohne sich als Opfer von Willkür und Ungerechtigkeit zu empfinden.

Die Eltern können diesen wichtigen Lernschritt dadurch unterstützen, daß sie versuchen, bei Konflikten eine Lösung zu finden, die allen gerecht wird und das Kind motivieren, sich einzufügen anstatt von ihm unbedingten Gehorsam zu fordern. Das Gefühl, vollkommen verstanden und angenommen zu sein, können Eltern ihrem Kind jedoch nur insoweit wirklich vermitteln, wie sie gelernt haben, sich selbst in ihrem ganzen Wesen anzunehmen und zu akzeptieren. Wo sie Teile von sich ausschließen, werden sie das automatisch auch bei ihrem Kind tun.

Da wir als Kind vom Wohlwollen unserer Eltern und Erzieher abhängig sind, lernen wir schließlich, uns an die Bedürfnisse und Erwartungen unserer Umgebung anzupassen und die Vorwände, die uns erklären sollen, warum wir nicht sein können wie wir sind zu akzeptieren. Hierin spiegelt sich jene karmische Struktur die versucht, durch Anerkennung und Liebe von Seiten anderer, die verlorengegangene Einheit zu ersetzen. In unserer weiteren Entwicklung wiederholen wir die grundlegenden Muster dieser Struktur immer wieder aufs Neue. Viele unserer natürlichen Bedürfnisse werden nun unterdrückt und das dadurch entstehende Leid verdrängt. Wir trennen uns von jenen Teilen unserer Welt, die den in uns gestellten Erwartungen nicht entsprechen, allmählich ab.

Wir versuchen, den anderen zu gefallen in der Hoffnung, daß sie uns geben was wir brauchen und wir tun alles, damit uns die anderen akzeptieren. Wir meinen, nur so können wir uns selbst annehmen. Schließlich fangen wir an, ein Leben zu akzeptieren, das anders ist, als wir es eigentlich wollen. Wir glauben, keine Wahl zu haben oder es nicht besser zu verdienen. So hoffen wir, daß sich die Umwelt irgendwie ändern und für unsere Bedürfnisse sorgen wird.

Wenn uns unsere Abhängigkeit irgendwann bewußt wird und der Wunsch durchbricht, ein eigenständiger Mensch zu sein und über unser Leben selbst zu bestimmen, ist dieser Wunsch mit vielen Schuldgefühlen und Ängsten belastet.

Der Versuch, die eingespielten Denkschemata, Gefühlsstrukturen und Verhaltensmuster aufzugeben, läßt die verdrängte Furcht wieder aufleben, allein zu sein, alles zu verlieren, was ein Gefühl der Verbundenheit, Vertrautheit und damit Sicherheit geschenkt hat. So bleiben wir lieber in einem Verhalten hängen, das zwar nicht befriedigend ist aber vertraute Routine hat.

Unser Verhalten wie auch unser Erleben ist weit davon entfernt, ursprünglich und authentisch zu sein. Statt mit den Rhythmen des Lebens zu schwingen, versuchen wir, immer nur einen Pol zu leben und geraten damit in die Einseitigkeit.

Wir richten unser Leben nach Vorstellungen aus, die sich aufgrund unserer persönlichen Geschichte im Laufe unseres Daseins herauskristallisiert haben. Dabei spielt es keine Rolle, ob dies eigene oder übernommene Vorstellungen sind, persönliche oder kollektive. Ausschlaggebend ist, daß sich unser bewußtes Ich mit ihnen identifiziert.

Fassen wir zusammen: Indem wir irgendwann auf unserem Weg begonnen haben, bestimmte Ausdrucksformen des Lebens zu bejahen, andere hingegen abzulehnen, erhielt unser Ich eine gewisse Struktur. Was wir nicht annehmen konnten, wurde zum Nicht-Ich erklärt. Dies sind vor allem jene Lebensbereiche, die für uns mit dem Verlust von Liebe und Anerkennung, von Sicherheit, Geborgenheit und dem Gefühl des Selbstwertes und der Lebensberechtigung einhergingen. In dem Versuch, diese Werte durch andere zu erlangen, haben wir so elementare Bedürfnisse, wie das nach freiem Selbstausdruck, nach Liebe und Nähe, so grundlegende Fähigkeiten wie die Freude an sinnlichen Erfahrungen, die Durchsetzung unserer Wünsche, spontane Kreativität, unbefangene Lebensfreude, intuitives Erkennen und vieles mehr in den Schatten gedrängt. Gemeinsam mit ihnen haben wir unsere Reaktionen auf diesen immensen Verlust, unseren Schmerz, unsere Angst, Wut oder Trauer verdrängt und zu Feinden erklärt, so daß sie uns nicht mehr leiten können und den Weg zu einer dauerhaften und von Äußerlichkeiten unabhängigen Erfüllung weisen können.

Dies bedeutet, daß wir auch weiterhin aus dem geradezu unerschöpflichen Reservoir aller Möglichkeiten dieses Universums immer nur jene Aspekte herausfiltern, die unseren Vorstellungen entsprechen und die wir sodann als Realität betrachten und erfahren.

Daß dies so ist, können wir immer dann besonders deutlich beobachten, wenn ein anderer Mensch mit exakt den gleichen äußeren Bedingungen konfrontiert wird wie wir, jedoch völlig anders reagiert. So mag der eine triumphierend auf einer steilen Bergspitze stehen und die wunderbare Aussicht genießen, der andere aber kauert zitternd vor Angst daneben und fühlt sich von der schwindelnden Höhe des Berges bedroht.

Welchen Teil der Wirklichkeit wir wahrnehmen und welchen wir in den Schatten verdrängen, wird durch die persönliche Struktur unseres Ich bestimmt. Um dies zu verdeutlichen, möchten wir einige konkrete Beispiele geben.

Angenommen, wir haben das innere Bild von uns, ein ernsthafter, tiefschürfender Mensch zu sein, so werden wir nun alles, was dieses Bild bestätigt, bereitwillig annehmen, was es jedoch in Frage stellt, werden wir ablehnen und in den Schatten drängen. Wir können jetzt nicht mehr unser ganzes Wesen akzeptieren und bejahen, unsere Gefühle unvoreingenommen kennenlernen, sie leben und von ihnen lernen, sondern müssen immer darauf bedacht sein, unser Selbstbild als ernsthafter

Mensch laufend zu festigen. Doch werden wir bald feststellen, daß wir mit den abgelehnten Prinzipien immer und immer wieder konfrontiert werden. So scheinen uns immer gerade jene leichtsinnigen Menschen die größten Schwierigkeiten zu bereiten, die mit einer unverantwortlichen, spielerischen Leichtigkeit durch das Leben gehen. Womöglich gehört auch noch unser eigener Partner zu dieser Kategorie.

Oder wir halten uns für einen besonders harmonischen und feinen Menschen. Unsere persönlich gestaltete Umgebung, unsere Kleidung und unsere Sprache zeugen von dieser Harmonie. Doch geraten wir dauernd in Situationen, in denen wir groben, harten, hektischen Schwingungen ausgesetzt sind und werden mit Menschen und Situationen konfrontiert, die unsere innere Harmonie stören und ungewollte Schwingungen von Ärger und Aggressionen in uns wachrufen.

Vielleicht betrachten wir uns auch als einen Menschen, der immer für andere da ist, der sich selbstlos für andere aufopfert – und treffen in unserer Umgebung ständig auf Undankbarkeit, Selbstsucht und Egoismus – womöglich allen voran in Gestalt unserer eigenen Kinder.

Je verzweifelter wir unserem Idealbild nachstreben und die ungewollten Bereiche ablehnen, desto größer wird die Diskrepanz zu dem, was wir scheinbar von außen kommend erleben.

Hierfür gibt es eine ganz einfache Erklärung. Nach dem Affinitätsprinzip geht nicht nur unser bewußtes Selbstbild in Resonanz mit allem, womit wir uns identifizieren, sondern auch unser Schatten stellt eine Resonanz zu allen ihm entsprechenden Bereichen her. Obwohl diese dunklen Resonanzebenen oftmals eine unerklärliche Anziehung auf uns ausüben, heißen wir sie natürlich nicht willkommen, sie werden abgelehnt wie der Schatten selbst. Das Ich des Menschen als jener Teil der Wirklichkeit, mit dem er sich identifiziert, freut sich über alle Resonanzebenen, die es bestätigen und bestärken, doch lehnt es ebensosehr die Resonanzebenen des Schattens ab. Daß es dadurch eine Hälfte der Wirklichkeit ausspart und somit immer eine halbe Portion bleibt, nimmt es unbesehen in Kauf.

Da nun der Schatten alle zurückgewiesenen Anteile enthält, können wir ihn in der Regel nicht direkt wahrnehmen. Doch erfolgt der indirekte Weg der Wahrnehmung über die Resonanzphänomene. Wie wir gesehen haben, gehört zum Ich alles, womit wir uns identifizieren und im positiven Sinne mitschwingen, folglich gehört zum Schatten alles, wozu wir in eine negative Schwingungsresonanz treten.

Wir brauchen uns nur zu fragen, was wir in unserem Leben, an anderen Menschen oder in unserer Umwelt ablehnen und werden so direkt auf unsere Schattenbereiche gestoßen. Doch anstatt die Konfrontation mit diesen Bedingungen und Gegebenheiten als Spiegel für unsere eigene, in den Schatten gedrängte Hälfte zu betrachten und darin unsere Unvollkommenheit zu erkennen, projizieren wir sie nach außen. Die Umwelteinflüsse, die Umstände unseres Lebens, unser Partner, die Bakterien usw. sind nun Schuld an unserer Misere, an unseren Krankheiten und unserem Leid.

Tatsächlich kommen wir jedoch immer nur mit den Dingen in Berührung, zu denen wir eine innere Entsprechung haben. Was wir in uns selbst ablehnen, ziehen wir durch äußere Umstände wieder herbei.

Wann immer Schwierigkeiten und Probleme auf uns zukommen, hat das also unausweichlich einen ganz direkten Bezug zu uns. Immer handelt es sich um Bereiche, mit denen wir innerlich nicht ausgesöhnt sind, die wir ins Schattendasein verdrängt haben, um nicht weiter mit ihnen konfrontiert zu werden. Während diese Verdrängung für eine gewisse Zeit recht gut funktionieren kann, stehen irgendwann, manchmal erst nach vielen Jahren, die gleichen Probleme in einem neuen Gewand wieder vor uns. Wenn wir einmal genau hinschauen, erkennen wir tatsächlich, daß uns immer wieder dieselben ungeliebten Erfahrungen begegnen. Dies bedeutet nichts anderes, als daß dieser Bereich endlich aus der Verdrängung erlöst und hereingenommen werden möchte.

Erlösung aber geschieht durch Liebe, und Liebe in ihrem ursprünglichen Sinn bedeutet bedingungsloses Annehmen und Hereinnehmen und damit das Zurücknehmen aller Negation, Verneinung und Verdrängung. An diesem Punkt mag die urchristliche Forderung

"Liebet eure Feinde"
(Bergpredigt, Matthäus 5, Vers 44)

besser verständlich werden. Liebe ist in der Lage, Feindschaft in eine überaus wertvolle Begegnung zu verwandeln, die uns der Ganzheit ein Stück näher bringt. Ein Mensch, der seine Feinde wirklich und wahrhaftig liebt, ist für uns ein Heiliger. "Heilig" aber kommt von "heil" und das meint "ganz" und "vollkommen" und damit letztlich "alles enthaltend". Wir können also nur heil werden, wenn wir nicht dauernd Unerwünschtes und Anderes ausschließen und bekämpfen. Wenn wir unsere Feinde lieben, holen wir damit alle Projektionen zu uns zurück. Wir bringen Licht in den Schatten und erkennen, daß wir ihn allein durch unsere Negation der inneren Einheit ins Leben gerufen haben.

Der Weg zum Einklang mit deinem innersten Selbst und die Erlösung des Schattens

Bevor wir dich in das praktische Erleben des Einverstandenseins entführen, in die direkte Erfahrung der Harmonie mit deinem innersten Selbst und der Erlösung deiner Schattenanteile, möchten wir mit diesem Kapitel die Geographie der inneren Landkarte weiter vervollständigen, die dich auf diesem Weg begleitet.

Zunächst möchten wir den Begriff "Selbst", den wir in den vorausgegangenen Kapiteln häufig verwendet haben, etwas genauer betrachten. Zwar ist das Wort "Selbst", auch als "Höheres Selbst" oder "innerstes Selbst" bezeichnet, heute vielen Menschen, die sich mit Methoden der Bewußtseinserweiterung befassen ein Begriff. Andere jedoch mögen trotz unserer bisherigen Ausführungen noch wenig damit anzufangen wissen.

Wir haben die Bezeichnung innerstes Selbst gewählt, weil sie am deutlichsten zeigt, was das Selbst unserer Meinung nach ist: unser eigentlicher, tiefster Wesenskern und nicht etwas, das beinahe unerreichbar über uns steht oder jenseits von uns existiert, wie der Begriff "Höheres Selbst" leicht vermuten ließe. Es ist jener Wesenskern, der ewig unverändert bleibt, während sich unabhängig davon unter der Regie des Ich im Laufe unserer Leben Wesenszüge herausgebildet haben, sich allmählich verändern oder durch neue ersetzt werden, mit denen wir uns über kürzere oder längere Zeit hinweg identifizieren und die wir als unsere Persönlichkeit empfinden.

Bezüglich Sitz und Gestalt des Selbst gibt es die verschiedensten Vorstellungen und Erfahrungen, von denen wir jedoch keine aufgreifen und denen wir auch keine weiteren hinzufügen möchten. Denn sobald Du eine Vorstellung übernimmst, kann dies deine ureigenste, authentische Erfahrung färben oder behindern.

Über die "Funktion" des innersten Selbst besteht weitgehende Einigkeit. Es wird als der göttliche Kern in uns bezeichnet, über den wir die innere Einheit mit Gott erfahren und uns einschwingen in das universale Leben der Schöpfung.

Nach C.G. Jung können wir über das Selbst "mit Gott und dem Kosmos, mit Kristallen und Tieren, mit dem Sein und allem Seienden" in Beziehung treten.

"Diese Wesenheit (das Selbst) könnte ebensowohl als
»der Gott« in uns bezeichnet werden.
Die Anfänge unseres ganzen seelischen Lebens
scheinen unentwirrbar aus diesem Punkt zu entspringen, und
alle höchsten und letzten Ziele
scheinen auf ihn hinzuzulaufen."

C.G. Jung

Wollen wir dem Selbst Attribute zuschreiben, so werden wir ihm mit Begriffen wie allumfassende Liebe, absolute Glückseligkeit und Weisheit am ehesten gerecht.

Nun mag dies für einen Menschen, der täglich aufs Neue damit beschäftigt ist, den Herausforderungen des Lebens in Beruf, Partnerschaft usw. gerecht zu werden, zwar wunderschön, aber nicht gerade nach praktischer Lebenshilfe klingen. Schließlich müssen wir dort beginnen, wo wir gerade stehen und da mögen wir uns noch weit von allumfassender Liebe und Weisheit entfernt wähnen. Doch hast du es bestimmt schon einmal erlebt, wie sich durch eine tiefgreifende Erfahrung der Liebe oder Freude oder einfach durch eine tiefe Entspannung deine Einstellung zu den täglichen Problemen änderte, wie sie kleiner wurden und unbedeutender und damit viel leichter zu lösen waren.

Was dein Selbst dir schenken möchte ist genau diese innere Freiheit und Weite, die mit einem Loslassen der inneren Begrenzungen einhergeht. Es möchte dir die Seligkeit schenken, die darin liegt, einfach nur zu sein, das Leben in jedem Moment neu zu erfahren und zu gestalten, unbeeinflußt von den Prägungen der Vergangenheit. Es möchte dir die Fähigkeit zurückgeben, über die Wunder der Schöpfung zu staunen, über die Vielfalt an Formen, Farben und Gestalten. Es möchte dir das Wunder der Wahrnehmung bewußt machen, das Wunder deiner Gefühle und Gedanken. Es möchte, daß sich dein Herz erweitert und deine Sinne verfeinern, damit du das Leben in seiner ganzen Reichweite und Tiefe erfahren und erfassen kannst, bis hin zur inneren Einheit. Es ist jederzeit bereit, dir den Weg dorthin zu zeigen, dich in jedem Augenblick zu leiten. Dazu besitzt es eine weitaus größere Kompetenz als dein Ich mit seinen zwangsläufig begrenzten Ansichten und Einsichten. Diese Kompetenz bezieht es aus der Tatsache, daß es auf der einen Seite eins ist mit der absoluten Einheit und dem darin enthaltenen Wissen, auf der anderen Seite aber auch dein Selbst ist. Es kennt deine gesamte persönliche Geschichte über alle Leben hinweg, es kennt das eigentliche Ziel deines individuellen Lebens, weiß aber auch, welche Erfahrungen du durchlaufen mußt, um zu begreifen, um was es im Leben eigentlich geht. Sobald du ihm erlaubst, in deinem persönlichen Leben zu wirken, beginnst du, auf spontane Weise zunehmend aus einer inneren Harmonie mit dem universellen Sein und dem ursprünglichen Sinn und Zweck deines individuellen Daseins heraus zu leben und zu handeln – und das hat wiederum weitreichende praktische Konsequenzen.

Es gibt in der tiefen Meditation die Möglichkeit,
die Zeit aufzuheben, alles Gewesene,
Seiende und Sein-Werdende gleichzeitig zu sehen,
und da ist alles gut, alles vollkommen, alles Brahman.
Darum scheint mir das, was ist, gut,
es scheint mir Tod wie Leben,
Sünde wie Heiligkeit, Klugheit wie Torheit,
alles muß sein, alles bedarf nur meiner Zustimmung,
nur meiner Willigkeit, meines liebenden Einverständnisses,
so ist es für mich gut, kann mir nie schaden.
Ich habe an meinem Leib und an meiner Seele erfahren,
daß ich der Sünde sehr bedurfte,
ich bedurfte der Wollust, des Strebens nach Gütern,
der Eitelkeit und bedurfte der schmählichsten Verzweiflung,
um das Widerstreben aufgeben zu lernen,
um die Welt lieben zu lernen,
um sie nicht mehr in einer von mir gewünschten,
von mir eingebildeten Welt zu vergleichen,
einer von mir ausgedachten Art der Vollkommenheit,
sondern sie zu lassen wie sie ist,
und sie zu lieben und ihr gerne anzugehören.

Hermann Hesse
1817 – 1962

Der Weg zum Einklang mit deinem innersten Selbst geht über das vollkommene Einverstandensein. Damit sind jedoch nicht jene rein verstandesmäßigen "Einverständniserklärungen" gemeint, die einer Funktion unseres Intellekts entspringen. Es geht hierbei vielmehr um jene innere Haltung, in der wir uns mit unserem ganzen Wesen für alle Ausdrucksformen des Lebens vorurteilsfrei öffnen, sie annehmen und hereinnehmen, um sie ganz und gar kennenzulernen und zu verstehen. Wenn ein solches Einverstandensein vollständig und ohne Vorbehalte gelebt wird, kommt es jener Art der bedingungslosen Liebe gleich, die nicht als Gegenpol den Haß hat, sondern alles in sich schließt, die nicht unterteilt in Gut und Böse, in das, was liebenswert ist und was nicht, sondern sich um ihrer selbst willen verschenkt.

"Denn Gott läßt seine Sonne aufgehen
über Böse und Gute
und läßt es regnen
über Gerechte und Ungerechte"
(Bibel, Matthäus 5, Vers 45)

Diese Liebe ist die Liebe deines innersten Selbst, deines göttlichen Wesenskerns und indem du sie übernimmst, schwingst du dich ein in seine Energie, in den Gleichklang mit ihm.

Nun magst du einwenden, daß eine solche Liebe nun einmal nicht in dir lebt und daß du sie nicht herbeizaubern kannst. Sie lebt in dir, wenn auch vielleicht tief vergraben hinter den Mauern deines Ich. Liebe mit ihrer Tendenz zur Vereinigung ist nun mal eine Gefahr für das begrenzte Ich, das sich Zäune baut, um seine Identität zu bewahren. Öffnest du dich für die Liebe, ist das Ich ängstlich darauf bedacht, den Ich-Zaun gerade nur so weit auszudehnen, daß er den einen geliebten Menschen oder eine sorgfältig ausgewählte Anzahl von Personen mit einschließt. Wenn die Öffnung unseres Herzens das Gefühl weckt, das ganze Sein umarmen zu wollen, Gott und die Welt mit eingeschlossen, beginnt das Ich um seine Existenz zu fürchten. Es weiß, daß es sein Spiel verloren hat, wenn dieser Zustand andauert und so bemüht es sich, möglichst schnell all die vertrauten Zweifel und Ängste wieder an die Front zu schicken, die seinen Status so lange schon gesichert haben. Das hat natürlich Konsequenzen:

"Wenn du dich nicht auf die Liebe einläßt – und dafür
haben sich viele entschieden –
dann bleibst du in dir selbst stecken,
dann ist dein Leben kein Fluß, der in den Ozean fließt,
dann ist dein Leben ein stehendes Wasserloch voller
Schmutz.
Der Fluß bleibt sauber, weil er immerzu fließt.
Ein Liebender bleibt jungfräulich, rein.
Die Leute die nicht lieben, werden unlebendig,
stagnieren, fangen an zu stinken,
denn sie haben nichts, was sie bewegt."
(Osho)

Hinter unserer Unwilligkeit oder Unfähigkeit, uns auf die Liebe einzulassen, steht ein ganz eindeutiger Grund: wir haben nie gelernt, *uns selbst* zu lieben. Dies aber ist Voraussetzung dafür, daß wir unser Herz für andere öffnen können, daß unsere Liebe frisch und lebendig bleibt und wir dabei nicht von Verlustängsten und Eifersucht gebeutelt werden.

Die Forderung der Bibel:

"Liebe deinen Nächsten wie dich selbst"
Lukasevangelium 10, Vers 27
und 3. Mose 19, Vers 18

besitzt somit einen sehr viel tieferen Gehalt als es auf den ersten Blick erscheint. In der christlichen Lehre wurde dem ersten Teil dieser Forderung viel Aufmerksamkeit geschenkt und auf seine Erfüllung viel Mühe und Anstrengung verwendet. Was wir christliche Nächstenliebe nennen entspringt jedoch häufig genug einem Bedürfnis nach Anerkennung, unbewußten Schuldgefühlen oder im besten Fall dem Versuch, dem Leben einen Sinn zu geben – selten jedoch einem überfließenden Herzen. So besitzt diese "Liebe" auch wenig Kraft. Sie kann weder wachsen noch gedeihen, da ihr die Wurzeln fehlen, die in dem bedingungslosen Einverstandensein mit dem eigenen Wesen begründet liegen.

Dieser zweite Teil der christlichen Forderung, nämlich sich selbst zu lieben, wurde in den Lehren der christlichen Kirchen weitgehend übergangen oder aber als eine Selbstverständlichkeit erachtet. Schließlich ist jeder sich selbst zunächst einmal der Nächste, jeder will das Beste für sich, so muß er sich wohl lieben. Eine solche Art der egoistischen Eigenliebe hat so gut wie nichts mit dem erwähnten Gebot Jesu zu tun. Dies begreifen wir in seiner ganzen Konsequenz jedoch erst, wenn wir die Tatsache der mangelnden Selbst-Liebe nicht mehr in den Schatten drängen. Erst dann wird uns bewußt, wie wenig Zuwendung und liebevolle Aufmerksamkeit wir den wirklichen Bedürfnissen unseres Körpers und unserer Seele schenken und wie viele ungeliebte Anteile in uns leben.

Mancher mag hier einwenden, daß er sich eigentlich

ganz gerne mag, sich für einen netten, umgänglichen Menschen hält und ganz zufrieden mit sich und seinem Leben ist. Ein solches Sich-zufrieden-geben ist jedoch weit von jener Selbst-Liebe entfernt, die das ganze Leben von Grund auf erneuern kann. Auch läßt es vermuten, daß der eigene Schattenbereich so säuberlich zugedeckt wurde und so vollständig ins Unbewußte versank, daß er sich nur noch in Form von Krankheiten oder eines "von außen kommenden" Schicksals die gebührende Aufmerksamkeit verschaffen kann.

Stehen wir nun aber vor der Forderung, uns selbst mit allem was zu uns gehört wirklich und wahrhaftig zu lieben, so mögen wir damit zunächst gar nichts anzufangen wissen. Vielleicht wird auch das Erkennen unserer Unfähigkeit, uns selbst mit Liebe zu begegnen, Trauer oder Wut hervorrufen. Wie oft haben wir uns doch im Laufe unseres Lebens damit einverstanden erklärt, daß längst nicht alles an uns und in uns liebenswert ist. Meist haben wir dabei die Meinung anderer als unsere eigene übernommen, um durch diese Zustimmung unbewußt ihre Liebe oder Anerkennung zu bewahren oder zu erlangen. Wie viele der authentischen Wünsche und Eigenschaften haben wir dabei in den Schatten gedrängt, die sich durch unsere Verneinung in Kräfte und Energien verwandelt haben, die uns nun ängstigen und bedrükken, oder sich in "lästigen" Schwächen und Krankheiten, Hemmungen oder Komplexen ausdrücken, in Problemen in der Partnerschaft, im Beruf oder anderen Lebensbereichen.

All dies zu lieben und damit einverstanden zu sein erscheint uns zunächst absurd. Unser Leben lang waren wir es gewohnt, unliebsame Dinge zu bekämpfen oder vor ihnen davonzulaufen. Die Psychologie kennt diese Haltung als jene "Flucht- und Kampf-Motivation", die unser Verhalten weitgehend bestimmt. Sie vermittelt uns das Gefühl einer gewissen Kontrolle bzw. freien Entscheidung gegenüber dem "Schicksal", das Empfinden, selbst etwas tun zu können.

Diese Lebenseinstellung übertragen wir unbewußt auch auf unsere inneren Schwierigkeiten und Probleme. Sie so anzunehmen wie sie sind, käme damit einer Resignation gleich. Genau dies ist der Grund, warum wir uns in diesem Buch nicht nur auf die Beschreibung der praktischen Durchführung der Methode des Einverstandenseins beschränkt haben, sondern ihr das theoretische Wissen um die inneren Zusammenhänge vorangestellt haben. Wir wollten damit das Vertrauen wecken bzw. bestärken, daß an der Basis unseres Seins tatsächlich eine Kraft wirkt, die uns führt und leitet, sobald wir ihr Wirken zulassen. Auf der Grundlage dieses Verständnisses wandelt sich das Einverstandensein von der Resignation in einen bewußten Akt der Hingabe an die heilende Energie des innersten Selbst, wobei Heilung in diesem Sinn die Rückverbindung mit den Kräften des Universums meint. Dies ist alles andere als eine fatalistische Ergebung in das Schicksal.

Auf der körperlichen Ebene können wir die Wirkung der Selbstheilungskräfte konkret beobachten. Wenn wir beispielsweise eine Wunde haben, wissen wir, daß sie nach einer Weile wieder heilt, ohne ein Zutun von unserer Seite. Wir brauchen es nur geschehen zu lassen und der Wunde Ruhe geben. Würden wir hingegen versuchen, die Wunde zu "verdrängen" oder zu "bekämpfen", wie wir das gerne mit unseren psychischen Wunden tun, käme das, auf die körperliche Ebene übertragen, dem Versuch gleich, die Wunde physisch wegzudrücken bzw. möglichst kräftig draufzuschlagen. Die Konsequenzen wären offensichtlich: Solange wir diese "Behandlung" fortsetzen, hätten wir uns eine Quelle ständiger Probleme geschaffen.

Sind wir hingegen mit dem Geschehen einverstanden und erlauben der Selbstheilungskraft des Körpers gemäß ihren eigenen Gesetzen zu wirken, so werden wir erleben, wie sich die Wunde "von selbst" wieder schließt. Heilkundliche Hilfe kann unterstützend wirken, doch was uns wirklich heilt ist jene überaus intelligente Kraft, die ganz genau weiß, was zu tun ist, damit unser Körper wieder "in Ordnung" kommt, die jedoch auch die psychischen Voraussetzungen kennt, die eine Heilung unterstützen oder unter Umständen erst ermöglichen.

Wie nun körperliche Krankheit, einschließlich jener Verletzungen, die wir uns aufgrund einer inneren Entsprechung zugezogen haben, physischer Ausdruck einer tieferliegenden Störung im seelisch-geistigen Bereich ist, ähnlich ist die natürliche Heilkraft unseres Körpers Teil einer viel umfassenderen heilenden Kraft, die unser ganzes Wesen mit den natürlichen Gesetzmäßigkeiten des Lebens in Einklang bringen und damit eine tiefgreifende und dauerhafte Heil-werdung herbeiführen kann – wenn wir dies zulassen!

Was uns der Körper so anschaulich vor Augen führt können wir auf der geistig-seelischen Ebene beobachten, wenn wir uns, angeregt durch ein besonderes Erlebnis der Freude oder der Liebe oder aufgrund einer tiefen Entspannung, einmal wieder vorbehaltlos dem Leben öffnen: Dann ist es, als würde unser Leben ein Stückchen geheilt und wir verspüren eine Kraft in uns, die alles in unserem Leben wieder "in Ordnung" bringen kann.

Doch scheinen diese Momente wie flüchtige Geschenke, die wir nicht festhalten können. Je mehr wir versuchen, sie zu halten, desto schneller "verflüchtigen" sie sich. Sie *willentlich* zurückzuholen oder aufs Neue herbeizuführen gelingt uns nicht. Die Tatsache, daß wir sie erlebt haben, zeigt jedoch, daß sie jederzeit als Potential in uns schlummern und wir sie nur durch unser bedingungsloses Einverstandensein *zulassen* müssen, um sie noch einmal zu erwecken. Mit einem solchen Zulassen geht ein Loslassen all jener negativen Ausdrucksformen unserer Energien einher, die wir, wie im vorhergehenden Kapitel beschrieben, allein durch unsere Negation ins Leben gerufen haben und die wir seitdem bekämpfen oder unterdrücken. Durch diese ständige Abwehr haben wir ihnen eine immense Bedeutung verliehen. Darüberhinaus haben wir sie durch unsere Ablehnung an uns gebunden wie ein zurückgewiesenes Kind, das sich nun erst recht an uns klammert. Hier erkennen wir auch, welche Weisheit uns die Bibel vermittelt, wenn sie sagt:

> *"Widerstehet nicht dem Bösen"*
> Matthäus 5, Vers 38

Vielleicht hast Du schon einmal die Erfahrung gemacht, daß dich Dinge nur solange in ihrem Griff halten, wie du selbst sie nicht loslassen kannst. Loszulassen aber bedeutet Gelassenheit erlangen, innere Freiheit und Zufriedenheit. Doch können wir gerade das, was uns am meisten bedrückt, am schwersten gehen lassen, sind wir es doch selbst, die diese Bedrückung durch unseren eigenen Druck gegen einen ungewollten Lebensinhalt, durch unsere Unter-drückung einer unliebsamen Energie oder ähnliches hervorgerufen haben. Wenn es uns dennoch einmal gelingt, fallen wir schon bald wieder in das alte, vertraute Verhaltensmuster zurück. Loslassen ist eine natürliche und automatische Folge des Einverstandenseins. So müssen wir also hier beginnen. Doch kann das Einverstandensein nur dann zum Loslassen von Problemen und Begrenzungen führen, wenn es absolut *nichts* ausschließt.

Wenn du mit allem, was in dir lebt und in jedem Augenblick in dir geschieht, einverstanden bist, kann dein innerstes Selbst das Geschehen übernehmen. Wo du hingegen etwas zurückweist, setzt du seinem Wirken Grenzen. Sobald du jedoch neben deinen erfreulichen Eigenschaften auch deine Angst, deine Wut oder deine Trauer, deine Unzufriedenheit oder Gefühle der Minderwertigkeit annimmst und als Teil deines Wesens akzeptierst, beginnst du, die Negation auf der aktuellen Ebene zurückzunehmen und du öffnest die Tür zu der Erkenntnis, daß auch diese Gefühle Ausdruck des gleichen Wunsches nach Glück, Geborgenheit, Lebendigkeit und freier Selbstbestimmung sind. Dein Selbst kann dich nun durch die pervertierten* Ausdrucksformen dieses Wunsches hindurch zu ihrer Quelle führen, zu deinem innersten Wesen, aus dem heraus sie in jedem Augenblick als ein Ausdruck von Liebe und Kraft neu entstehen, doch ebenso in jedem Augenblick durch deine unbewußten Ängste pervertiert werden. Es kann dich lehren, sie direkt zu leben, ohne die Umwege über negative Manifestationen. Auch hörst du auf, dich schuldig zu fühlen oder Schuld zuzuweisen, sobald du bei dir, wie auch im Verhalten der anderen dir gegenüber, die Sehnsucht nach Liebe und Einheit als tieferen Grund erkennst. Weist du die pervertierten Ausdrucksformen zurück, bindest du nicht nur deine Energien in dieser Zurückweisung und verbrauchst sie dabei – du unterbindest auch ihren ursprünglichen, authentischen Ausdruck.

So sollten wir unseren Schwierigkeiten mit jenem liebevollen Verständnis begegnen, das beispielsweise auch

* lateinisch: perversus = umgekehrt, widernatürlich

ein Kind durch ein "schwieriges" Verhalten zu erzwingen versucht. Schenken wir unserem inneren Kind die Aufmerksamkeit und Zuneigung, die es in diesem Augenblick braucht, lösen sich Spannung, Trauer oder Wut sehr schnell auf. Weisen wir es hingegen zurück, weil uns sein Verhalten lästig ist und uns von "wichtigeren Dingen" abhält, entsteht ein Konflikt zwischen den Bedürfnissen unseres "erwachsenen Ich" und denen unseres inneren Kindes. Dein Kind kann dir nun nicht mehr sagen, was ihm fehlt. Es verdrängt seinen Kummer in den Schatten und unser "erwachsenes Ich" versucht wiederum, durch Kontrolle oder Manipulation die daraus resultierenden Probleme in den Griff zu bekommen. Aus diesem Teufelskreis kommen wir nur heraus, wenn wir aufhören, Teile von uns zu negieren.

In Märchen und Erzählungen stoßen wir oft auf die symbolische Wahrheit, daß Göttinnen und Götter oder andere magisch-machtvolle Wesen nach Rache trachten, wenn sie zurückgewiesen oder vergessen wurden. So ersann zum Beispiel im Märchen von Dornröschen die 13. Fee nur deshalb einen bösen Zauber, weil sie nicht eingeladen wurde. Wenn sie aber willkommen sind, verwandeln sich die vernachlässigten und verbitterten bösen Feen und Zauberer in unserem Inneren in Märchenprinzessinnen und Prinzen, in geistige Lehrer und Lehrerinnen, die uns unsere inneren Schätze offenbaren, von denen wir nicht einmal wissen mögen, daß wir sie besitzen. Verwunschene Wesen finden durch Liebe, die ihnen trotz ihrer verzauberten häßlichen Erscheinung entgegengebracht wird, zu ihrer ursprünglichen, wunderschönen Gestalt zurück, wie beispielsweise in dem Märchen "Die Schöne und das Tier" oder beim "Froschkönig".

So finden sich schon in ältesten Überlieferungen Hinweise auf die Kraft des Einverstandensein, die all die großen und kleinen Dämonen der Angst, des Ärgers, der Minderwertigkeitsgefühle, der Eifersucht, der Verbitterung und des Neids in uns über einen Prozeß der Wandlung und Erkenntnis entzaubert und uns mit Vertrauen, schöpferischer Energie, Weisheit und selbstloser Liebe beschenkt. Wie in den Märchen geht es auch hier um die Erlösung aus einer verzauberten Form und das Einverstandensein ist jener "Gegenzauber", der alle "Verwünschungen" aufheben kann.

Die Psychologie spricht oft davon, den Schatten zu integrieren und meint damit, daß der abgelehnte Bereich bewußt gelebt werden sollte. Dies mag je nach Schatteninhalt eine beängstigende Vision sein und könnte uns unter Umständen einen unliebsamen Gefängnisaufenthalt bescheren. Nun gibt es natürlich Methoden, sich ohne Gefahr für Leib und Leben abzureagieren oder das Schattenprinzip auf eine andere Ebene zu übertragen und dort auszuleben, wie dies beispielsweise erzwungenermaßen über eine Krankheit geschieht. Ein solches Ausleben ist jedoch nicht mehr notwendig, wenn wir das Einverstandensein vorbehaltlos praktizieren. Damit wird eine Integration in das Bewußtsein erreicht und der Schatten kann auf dieser Ebene erlöst werden. Doch haben wir dann immer noch die freie Wahl, den Schatten in einer von uns gewählten Form auszuleben, um ihn beispielsweise besser kennenzulernen und seine Erlösung zu beschleunigen.

Für welche Möglichkeit wir uns auch entscheiden, es ist in jedem Fall das Einverstandensein, das den Schatten integriert und den ursprünglichen Inhalt aus seiner Verbannung erlöst. Das Einverstandensein kann all die Türen zum Verständnis verborgener Zusammenhänge öffnen, die wir durch unsere Ablehnung verschlossen haben und kann uns Welten an Erkenntnis und Erfahrung erschließen. Es kann unser Bewußtsein öffnen für die Botschaften, die hinter unseren Problemen und Schwierigkeiten stehen. Es kann unsere Schattenanteile ans Licht des Bewußtseins holen und jene Verzauberung aufheben, die durch unsere Ablehnung entstand und viele unserer Energien und Wünsche in ungeliebte Schattenwesen verwandelte. Durch das Einverstandensein gibst du deinem innersten Selbst die Chance, dich durch alle notwendigen Erfahrungen hindurch zu dem zu führen, was durch dich als individuelles Wesen gelebt werden möchte, zur Authentizität, zu Sinn und Zweck deines persönlichen Lebens und zur Einheit mit dem universellen Sein.

Und hierzu ist nichts weiter gefordert, als daß du dir in jedem Augenblick erlaubst zu sein, wie du bist, ganz und gar und ohne Wenn und Aber. Vielleicht spürst du, daß du im Grunde deines Herzens genau das willst, fragst dich aber, wie und wo du damit beginnen sollst. Nun, um dir den Einstieg in die Methode des Einverstandenseins zu erleichtern, haben wir im nächsten Kapitel einen verläßlichen Weg aufgezeichnet, der dich einlädt, ihm zu folgen.

Vielleicht hast du auch noch Bedenken in Bezug auf die Konsequenzen. Werden die anderen dich noch mögen, wenn du dich ihren Erwartungen nicht mehr anpaßt? Wie wird dein Partner reagieren, deine Kinder, deine Eltern. Welche vertrauten Gefühle und Eigenschaften wirst du verlieren, welche liebgewonnen Gewohnheiten aufgeben? Welche schützenden Mauern werden in sich zusammenfallen? Mit welchen Schattenanteilen wirst du konfrontiert werden? Diese Fragen können wir nicht für dich beantworten. Doch können wir soviel sagen: Wenn du beginnst, authentischer zu leben, wird sich das Verhalten deiner Mitmenschen dir gegenüber in einer

Weise ändern, die deinem eigentlichen Wesen viel angemessener ist, und auch Du selbst wirst ihre wirklichen Bedürfnisse besser erspüren und demgemäß handeln.

Jede Transformation bedeutet jedoch, daß das Alte dem Neuen geopfert werden muß. Das Alte ist dir vertraut, es ist sicher und zuverlässig. Das Neue ist unbekannt und unvertraut. Um deine alte, bequeme und gesicherte Welt zu verlassen brauchst du den Mut, dich auf Neues einzulassen, du brauchst den Mut, dir selbst gegenüber vollkommen ehrlich zu sein. Du brauchst den Mut, auch den Schmerzen der Transformation dein liebevolles Verständnis und Einverständnis zu geben. Dieses Einverständnis wird dich an sicherer Hand durch die dunkelste Nacht hindurchführen - und du wirst einen herrlichen Sonnenaufgang erleben, eine neue Geburt, ein neues Leben in vollkommener Offenheit und Weite.

Du kannst jetzt damit beginnen, in diesem Augenblick. Doch kannst du auch noch ein wenig warten und von den Erfahrungen profitieren, die andere vor dir gemacht haben und aus denen wir einige grundlegende Anweisungen und "Wegbeschreibungen" abgeleitet haben, die dir helfen können, deine eigenen Versuche zum Erfolg zu führen. Dazu mehr auf den nächsten Seiten.

An den Schluß dieses Kapitels möchten wir noch einmal einige Worte von Osho stellen, der die Begabung besaß, wesentliche Dinge besonders prägnant und einfach auszudrücken:

"Verschwinde als Tautropfen und werde zum Ozean.
Aber du mußt durch die Pforte der Liebe gehen.
Sicher, wenn man als Tautropfen verschwindet,
nachdem man lange als Tautropfen gelebt hat,
dann tut das weh. Denn man hat gedacht:

»Ich bin das, und jetzt verschwindet es! Ich sterbe!«
Du stirbst nicht, nur eine Illusion stirbt.
Du hast dich damit identifiziert.
Erst wenn diese Illusion vorbei ist,
wirst du in der Lage sein zu sehen, wer du bist
und diese Enthüllung bringt dich zum höchsten Gipfel
der Freude, der Glückseligkeit und des Feierns."

(Osho)

Einverstandensein als Meditation und Lebenshilfe - praktisches Vorgehen -

Mit diesem Kapitel kommen wir zum eigentlichen Kern dieses Buches - der praktischen Umsetzung des aufgezeigten Wissens. Wir möchten dich nun einladen, dich auf die Reise zu dir selbst zu begeben, zu jenem verlorenen Paradies, das deine eigentliche Heimat ist. Am Ende dieser Reise wirst du erstaunt feststellen, daß du dieses Paradies nie wirklich verlassen hast, du hattest nur ein paar dicke Vorhänge vor die Fenster deiner inneren Wahrnehmung gezogen, um auch diese Erfahrung des Lebens zu durchlaufen. Doch dann bist du dabei stehengeblieben und hast vergessen, die Vorhänge wieder aufzuziehen. Stattdessen hast du dich an die Dunkelheit gewöhnt und schließlich begonnen, die Informationen deiner begrenzten Wahrnehmung als einzige Realität anzusehen und auf dieser Basis dein Leben einzurichten. Viele deiner Energien hast du darauf verwendet, die Dunkelheit und das damit einhergehende Leid zu bekämpfen. Das berühmte Sprichwort vom "Leben als Kampf" bezieht seine Berechtigung allein aus der Annahme, daß die Realität der "zugezogenen Vorhänge" die einzig wahre ist. Das Einverstandensein basiert hingegen auf dem Wissen, daß auch das Licht real und immer vorhanden ist. An diese Wahrheit erinnern wir uns jedoch erst, wenn wir unsere Energien nicht mehr an Flucht, Kampf und Verdrängung binden.

Was es bedeutet, mit etwas einverstanden zu sein, weißt du aus eigener Erfahrung. Doch sind wir es gewohnt, unser Einverständnis nur jenen Gefühlen, Situationen etc. zu schenken, die uns genehm sind. Das setzt ein urteilen voraus, und mit jedem Urteil ist immer auch eine Verneinung oder Verdrängung des unerwünschten Pols verbunden. Die Gewohnheit zu urteilen und zu bewerten ist für uns so selbstverständlich geworden, daß sie uns meist nicht einmal bewußt ist. Wollen wir nun die Haltung des Einverstandenseins annehmen, so fallen wir zunächst allzuleicht in das alte, gewohnte Muster zurück. Aus diesem Grund ist es wichtig, die neue Haltung ähnlich wie jede andere Meditation immer wieder zu praktizieren, beispielsweise abends vor dem Einschlafen oder/und morgens, bevor wir den Tag beginnen. Als Hilfe hierfür haben wir eine Ton-Kassette besprochen, die dich in das direkte Erleben des Einverstandenseins hineinführt. Sie trägt wie das vorliegende Buch den Titel "Einverstandensein" und wurde von der Musikgruppe "Merlin's Magic" mit einer sehr schönen, meditativen Musik unterlegt. Die Musik wurde mit dem Text in einer Weise verwoben, daß sie die gesprochenen Worte auf die Gefühlsebene überträgt und deine eigenen Erfahrungen begleitet und vertieft.

Doch kannst du die Meditation auch ohne Kassette durchführen. So möchten wir dir im Folgenden die wichtigsten Verhaltensregeln und Hinweise mit auf den Weg geben, die dir helfen, deine Reise in jedem Moment unter die Führung deines innersten Selbst zu stellen und dich nicht von deinem Ich ver-führen zu lassen. Auch gibt es hierbei ein paar "Stolpersteine" zu beachten, die dein Ich dir in den Weg legt, um seinen Einfluß nicht aufgeben zu müssen. Sie zu kennen ist von immenser Bedeutung, da du an ihnen hängenbleiben kannst, wodurch deine Reise ein vorzeitiges Ende fände. Wenn du darum weißt, sind sie jedoch leicht zu umgehen. Obwohl die Wirkung des Einverstandenseins allein aus der direkten Erfahrung resultiert, ist es dennoch wichtig, die inneren Zusammenhänge auch intellektuell zu begreifen. So kann dein Intellekt gegebenenfalls korrigierend eingreifen. Dies gilt auch für den Fall, daß du die Meditation mit Hilfe der Ton-Kassette durchführst.

Bevor wir nun die eigentliche Meditation beschreiben, möchten wir noch einige grundlegende Punkte vorausschicken. Zunächst einmal ist es wichtig zu wissen, daß es primär um die *innere Haltung* des Einverstandenseins geht, die dein ganzes Sein und Wesen mit einschließt. Die Erlösung einzelner negativer Bewußtseinsinhalte ist eine automatische *Folge* dieser inneren Haltung. Eine solche Haltung bedeutet jedoch nicht, daß du versuchst, Bewußtseinsinhalte willentlich anzunehmen und zu akzeptieren. Sie meint vielmehr ein bedingungsloses *Zulassen* und *Geschehenlassen* all dessen, was an Eigenschaften und Wünschen, an Gefühlen und Empfindungen in dir lebt und gelebt werden will.

Auch ist es nicht nötig, all die Erlebnisse der Vergangenheit "aufzuarbeiten". Diese Erlebnisse sind nicht *Ursache*, sondern Spiegel für unsere Ängste und Begrenzungen. Unser Schatten hat sie aus einem inneren Gleichklang heraus angezogen und wenn sie unser Verhalten und unser Gefühlsleben auch jetzt noch zu bestimmen scheinen, so nur deshalb, weil wir die entsprechende psychische Struktur noch immer in uns tragen. Die korrespondierenden *Situationen* aus der Vergangenheit stehen symbolisch für diese Struktur, die sich jedoch weniger in der Situation selbst als in unserer Reaktion darauf offenbart. Der Versuch, die Vergangenheit aufzuarbeiten würde darüberhinaus bedeuten, daß du während dieser Zeit ganz in ihr lebst, darin wühlst, von ihr absorbiert wirst und dabei vergißt, deine Augen und Ohren für den gegenwärtigen Augenblick zu öffnen.

Es ist jedoch immer genau dieser Augenblick, der dein Einverstandensein mit allem fordert, was jetzt in dir lebt und gelebt werden möchte. Sobald du vollkommen mit dir einverstanden bist, verliert die Vergangenheit ihre Relevanz. Verlierst du die Haltung des Einverstandenseins im Jetzt, findest du für dein Verhalten und deine negativen Gefühle wieder tausend Gründe in der Vergangenheit. Die Vergangenheit ist vergangen und jene gegenwärtigen Gefühle, die damit korrespondieren, kannst du allein im Jetzt erlösen.

Nun zu einem weiteren Punkt: Die Übung des Einverstandenseins bedeutet nicht, daß du versuchst, bestimmte vergangene, gegenwärtige oder zukünftige Situationen zu akzeptieren, mit denen du eigentlich gar nicht einverstanden bist. Ein solcher Versuch wäre eine künstliche Konstruktion und zudem sehr wahrscheinlich zum Scheitern verurteilt. Worum es geht, ist *deine Reaktion* auf die Situation. Sie zuzulassen und vorbehaltlos anzunehmen führt zur Erlösung der damit verbundenen Emotionen, aber auch zu einer vollkommenen, wertungsfreien Ehrlichkeit dir selbst gegenüber. Eine solche Eigenehrlichkeit kann wie ein Bekenntnis vor dir selbst wirken, eine befreiende Beichte vor einer inneren Instanz, die nicht verurteilt, sondern versteht. Dabei nehmen wir im Bekennen unsere eigene Zurückweisung und moralische Verurteilung zurück und überlassen uns der liebenden Kraft des Selbst.

So ist auch in der Bibel das Bekennen der Sünden ein wichtiger Akt, der die Absonderung zwischen Mensch und Gott aufhebt und die Erfahrung der Einheit erst ermöglicht. Wer seine Sünden bekennt, dem sind sie bereits vergeben.

"Wenn wir unsere Sünden bekennen,
so ist er treu und gerecht,
uns die Sünden zu vergeben
und uns von aller Ungerechtigkeit zu reinigen."

(Bibel, Johannes 1, Vers 9)

Im Einverstandensein liegt beides: Bekenntnis und "Vergebung der Sünden", also das Aufhören der Ab-sonderung und damit Er-lösung.

Das gleiche Prinzip erkennen wir beispielsweise in folgender Situation: Wenn ein Kind wütend, ängstlich oder traurig zu seinen Eltern kommt und dort nicht auf ein moralisches Urteil oder erzieherische Maßnahmen trifft, sondern allein auf liebevolles Verständnis, lösen sich nicht nur Kummer und Wut ganz schnell auf, auch der Grund dafür gehört bereits der Vergangenheit an und ist schon vergessen. Auch hier ist es die *Haltung* des Einverstandenseins, die das Kind spürt und die seinen Kummer erlöst.

Noch einen weiteren Punkt möchten wir klarstellen: Bei der Übung des Einverstandenseins geht es ganz allgemein nicht darum, auf bestimmte Erlebnis*inhalte* einzugehen. Ähnlich wie die Bilder aus der Vergangenheit sind sie Symbole für ein inneres Geschehen. So geht es also weniger darum, was du erlebst, als vielmehr darum, *wie* du es erlebst. Dies bedeutet natürlich nicht, daß du irgendwelche Inhalte verdrängst. Auch sie dürfen sich zeigen und in dir leben. Anstatt jedoch deine Aufmerksamkeit auf sie zu richten, bleibe bei dem, was sich für dich damit verbindet und nimm alle begleitenden Empfindungen, Gefühle und Reaktionen wie auch deine Wünsche und Bedürfnisse in die Haltung des Einverstandenseins mit hinein. Auf diese Weise bleibst du bei dir und läßt dich nicht von bestimmten Erlebnisinhalten einwickeln und forttragen. Das Gefühl dafür, wer du eigentlich bist und was an authentischen Wesensanteilen in dir gelebt werden will, wird hierdurch enorm gestärkt.

Und noch einen letzten Punkt möchten wir anfügen. Während der Übung des Einverstandenseins könntest du in Versuchung geraten, nach deinem innersten Selbst Ausschau zu halten und womöglich nichts finden, was deiner Vorstellung entspricht. Wir haben in den bisherigen Ausführungen aus Gründen der besseren Verständlichkeit zwischen Selbst und Ich unterschieden und wenn dein Ich sich nun aufmacht, das Selbst zu suchen, mag es nichts finden außer sich selbst. Tatsächlich ist es so, daß dein Ich im Augenblick vollkommenen Einverstandenseins mit deinem Selbst verschmilzt. Damit wird die scheinbare Trennung zurückgenommen und du kannst dein Selbst nirgendwo anders finden als in dem, was du in diesem Moment als dein Ich erlebst.

Schauen wir uns nun an, wie eine Meditation des Einverstandenseins aussehen kann. Am Anfang solltest du dich dazu bequem hinsetzen oder legen und die Augen schließen. Wenn du eine gewisse Übung im Einverstandensein erreicht hast, kannst du es auch in Situationen des täglichen Lebens anwenden, ohne daß du deine Tätigkeit unterbrichst. Doch vergiß auch dann nicht, daß sich das Einverstandensein auf *deine Reaktion* gegenüber einer Situation beziehen sollte, auf deine angenehmen und unangenehmen Gefühle, die darin zum Ausdruck kommen wie auch auf deine Wünsche und Bedürfnisse, die sich damit verbinden.

Durch regelmäßige Ausübung der Meditation überträgt sich die Haltung des Einverstandenseins darüberhinaus automatisch ins tägliche Leben, so daß du aus einer größeren Gelassenheit heraus handeln und dein Leben im Einklang mit der Weisheit und Liebe deines innersten Selbst gestalten kannst. Die zunehmende Toleranz dir selbst gegenüber überträgst du zudem auch auf andere. Was früher deinen Unmut hervorrief, dich vielleicht gar auf die Palme brachte oder in Depressionen stürzte, findet nun dein Verständnis und du kannst angemessener reagieren. So kannst du auch schwierige Situationen leichter tolerieren und erkennen, welcher besondere Part ihnen im Spiel des Lebens zukommt.

Nachdem du dir nun also einen bequemen Platz gesucht und deine Augen geschlossen hast, gib allem in Dir Raum, was von sich aus in dir lebt und gelebt werden will, registriere es, ohne einzugreifen. Alles darf sein, wie es ist. Erlaube deinem Atem, zu kommen und zu gehen, wie er es von sich aus will. Erlaube deinem Körper, zu sein wie er ist, mit all seinen Empfindungen und eventuellen Verspannungen oder Schmerzen. Erlaube auch dem Wunsch nach Entspannung, nach Gesundheit, Vitalität und Lebendigkeit in dir zu leben. Erlebe Deine Gefühle genauso, wie sie von sich aus zu dir kommen, ohne daß du irgend etwas davon analysierst oder manipulierst, bevorzugst oder verdrängst, auch ohne daß du auf ihren speziellen Inhalt achtest. Auch sie dürfen einfach sein, wie sie sind. Erlaube deinen Gedanken, zu kommen und zu gehen, ohne von deiner Seite aus näher darauf einzugehen. Du brauchst jetzt auch keine Fragen zu beantworten nach wieso, woher und wohin.

Erlebe dich, wie du in diesem Augenblick bist, ohne zu werten, ohne etwas ändern zu wollen. Schließe in die Haltung des Einverstandenseins dein ganzes Wesen und Sein mit ein. Solange du sagst, diese Seite meines Wesens ist gut, sie möchte ich stärken, aber jene Seite ist schlecht, sie möchte ich überwinden, setzt du jener Kraft schon die erste Schranke, die dich zur Ganzheitlichkeit und direkten Erkenntnis führen kann, zur Quelle deiner Kreativität und Liebe. Alles, was in diesem Moment in dir lebt, hat seine Berechtigung und seinen Sinn, darf ganz und gar sein, wie es ist, darf kommen und gehen, darf sich verändern oder so bleiben, wie es ist. Dein innerstes Selbst weiß, was in dir geheilt werden muß und es weiß auch, auf welche Weise und wie schnell diese Heilung geschehen kann. Erlaube ihm einfach, in dir zu wirken. Du brauchst es dabei nicht mit Gedanken oder Vorstellungen zu unterstützen. Dein bewußtes Ich kann es nicht besser machen, als dein Selbst. Was immer in dir aufsteigt, überlasse der Heilkraft deines Selbst. Erlaube allem, was sich dir zeigt, in dir zu leben, während du deinem Selbst erlaubst, es zu heilen. Je weniger du von deiner Seite aus tust, manipulierst, eingreifst, bewertest oder zurückweist, desto besser kann dein innerstes Selbst seine Arbeit tun. Dein Einverstandensein ist die einzig nötige und beste Unterstützung.

Sei mit deiner Aufmerksamkeit bei dem, was in jedem Augenblick in dir lebt, ohne von deiner Seite aus irgend etwas zu bevorzugen oder auf einen Inhalt näher einzugehen. Denke daran, daß es um *dich* geht, um *dein* Erleben, um *deine* Wünsche und Bedürfnisse, um *deine* Gefühle und Empfindungen. Wenn nun deine Aufmerksamkeit von einer körperlichen Empfindung, einer Emotion oder einem inneren Bild besonders stark angezogen wird, erlaube ihr, dorthin zu gehen, wiederum ohne etwas ändern oder erreichen zu wollen. Sobald sich dir etwas aufdrängt, nimm es als Zeichen, daß es deine Aufmerksamkeit braucht. Wenn dein Geist von einem Gedanken oder innerem Bild vereinnahmt wird, richte deine Aufmerksamkeit auf die begleitenden Gefühle, Reaktionen und körperlichen Empfindungen. Bleibe in einer Haltung des Zulassens bei dem Geschehen in dir, ohne dich von den Inhalten, die sich damit verbinden, forttragen zu lassen, bis die Anziehung nachläßt und deine Aufmerksamkeit wieder frei wird. Lasse auch die Inhalte, Bilder und Gedanken zu, doch gehe von deiner Seite aus nicht speziell darauf ein. Lasse sie quasi am Rande mitlaufen.

Diese Übung wird nun wahrscheinlich eine ganze Weile reibungslos verlaufen. Vielleicht denkst du zunächst, es geschieht ja gar nichts, doch sei getrost, dieser Zustand ist spätestens nach einigen Meditationen vorbei. Vielleicht stürmen auch schon anfangs alle möglichen Empfindungen auf dich ein. Manches von deinen inneren Erlebnissen wird erfreulich und angenehm sein, und durch dein Zulassen kannst du diese Seite deines Wesens tiefer kennenlernen und stärken. Doch wirst du früher oder später auch unweigerlich auf Dinge stoßen, die dir weniger angenehm sind. Das hat folgenden Grund: Die beschriebene Übung wird eine gewisse Ent-spannung herbeiführen, in deren Folge du die Tür zu deinem Unterbewußtsein mit etwas weniger Kraft zudrückst – die Unter-drückung der verleugneten Anteile läßt also nach und sie beginnen sich im Zuge ihrer Lösung zu melden. Das kann in Form körperlicher Reaktionen geschehen, beispielsweise durch ein allgemeines Gefühl von Unruhe oder Unbehagen. Auch können Verspannungen oder Schmerzen deutlicher hervortreten. Auf der emotionalen Ebene kann sich die ganze Palette unliebsamer Gefühle melden, von Unzufriedenheit über Angst und Trauer bis zur Wut. Auf der geistigen Ebene können sich Gedanken aufdrängen, die dir die gewünschte Ruhe rauben, auch unerfreuliche Bilder können sich zeigen.

Vielleicht erlebst du anfangs nur eine dieser Reaktionen, vielleicht zeigt sich auch ein ganzer Regenbogen an Gefühlen und Gedanken. Manches davon wird vage, anderes deutlich sein. Hier ist es nun sehr wichtig, daß du diese Erfahrungen ebenso geschehen läßt, wie alles andere auch – ohne zu analysieren, ohne zu urteilen, ohne etwas zurückzuweisen oder zu verdrängen. Doch bleibe bei allem Geschehen immer bei *dir*. Denke daran, daß es weniger darum geht, was du erlebst, als darum, *wie* du es erlebst. So lasse dich von den Inhalten nicht vereinnahmen. Erlebe stattdessen, was sich an körperlichen und emotionalen Reaktionen damit verbindet.

Hinter unliebsamen Gefühlen und Empfindungen stehen immer auch Bedürfnisse und Sehnsüchte, die negiert wurden, aber dennoch in dir existieren. Hier ist es nun ganz wichtig, daß du diese Wünsche und Bedürfnisse ebenfalls zuläßt, auch wenn sie dir unerfüllbar bzw. unstillbar erscheinen. Erlaube auch ihnen, in dir zu leben. Schließe sie in die Haltung des Einverstandenseins mit ein, ohne sie jedoch an bestimmte Vorstellungen zu binden. Beachte hierzu auch das Kapitel über die Wunscherfüllung.

Wenn ein tiefes Bedürfnis oder eine tiefe Sehnsucht in dir auftaucht, darfst du ihr solange deine Aufmerksamkeit schenken, bis sie wieder von anderen Gefühlen und Empfindungen angezogen wird. Doch solltest du niemals versuchen, einen positiven Inhalt oder ein angenehmes inneres Erlebnis festzuhalten oder unangenehmen Erfahrungen auszuweichen.

Tatsächlich triffst du hier auf den ersten großen "Stolperstein", der darin besteht, daß du es gewohnt bist, nur Angenehmes und Erfreuliches zuzulassen und herbeizuziehen, alles andere aber automatisch verdrängst. Dieser "Stolperstein" kann die Wirksamkeit aller Übungen des Einverstandenseins unterbinden, sei es in der hier beschriebenen Meditation oder in anderen Formen der Meditation oder Therapie.

Wenn sich nun unliebsame Erfahrungen zeigen, wird es dir wahrscheinlich gelingen, *einige* davon zuzulassen, bei denen es nicht allzusehr "an die Substanz geht". Sobald sich durch dein bewußtes Zulassen jedoch Schattenanteile zu lösen beginnen, die die Grenzen deines Ich gesichert hatten, fängt das Ich an, um sein Leben zu fürchten und verstärkt die Abwehr gegen diese Erfahrungen. Oft ist die Verdrängung auch in einem solchen Maße zur Gewohnheit geworden, daß sie dir gar nicht mehr bewußt wird. Du spürst die verstärkte Abwehr oder das Festhalten an der Verdrängung recht deutlich als unangenehmes Gefühl der Spannung. Sie ist ein Hinweis darauf, zur *allgemeinen Haltung* des Einverstandenseins zurückzugehen und alle deine Reaktionen auf die innere Erfahrung miteinzuschließen.

Nun gibt es auch Menschen, die eine besondere innere Offenheit besitzen. Diese Offenheit kann mit einer mangelnden inneren Festigkeit und Authentizität einhergehen, durch die der betroffene Mensch vielen Fremdeinflüssen ausgeliefert ist. Gleichzeitig können in besonderem Maße Kräfte und Energien aus seinem Unterbewußtsein aufsteigen, mit denen er nur schwer umzugehen weiß. Eine innere Offenheit kann aber auch Resultat einer spirituellen Entwicklung sein, in deren Verlauf Mauern abgebaut wurden, deren Schutzfunktion überflüssig geworden ist. Wenn eine solche Entwicklung noch nicht abgeschlossen ist, kann es ebenso wie im ersten

Fall durch die Meditation des Einverstandenseins zeitweise zu einer Flut verschiedener Eindrücke, Bilder und Emotionen kommen, die gleichzeitig oder in schneller Folge auftreten und dich zu überrollen scheinen.

Hier ist es nun zum einen wieder wichtig, daß du bei all dem mit deiner Aufmerksamkeit *bei dir* bleibst, bei *deinem* Erleben, bei *deinen* Gefühlen und Empfindungen, während du die damit verbundenen Bilder, Vorstellungen und sonstigen gedanklichen Inhalte ohne sie zu verdrängen oder zurückzuweisen vorüberziehen läßt. Wenn du zu solch einer Reaktion auf das Einverstandensein neigst, solltest du zum anderen besonders darauf achten, auch immer wieder deine authentischen Bedürfnisse und Wünsche in das Einverstandensein mit hineinzunehmen. Beides kann dir helfen, deine innere Festigkeit zu stärken und auch auf einem spirituellen Weg, nicht auf einen "Trip" zu geraten, der dich von dir selbst und von der Wirklichkeit des Augenblicks fortführt.

Nun kann es auch geschehen, daß während deiner Meditation körperliche Empfindungen, Emotionen oder Gedanken auftreten, die in ihrer sogenannten Negativität so intensiv sind, daß sie eine besonders starke Reaktion von Angst oder Abwehr hervorrufen und du vielleicht fürchtest, ganz und gar von ihnen überflutet zu werden. Dies ist etwas anderes, als das beschriebene Überflutetwerden von einer schnellen Folge von Bildern und Gefühlen, und so gehen wir auch anders damit um.

Es gibt hierbei einen einfachen "Trick", durch den du inmitten der brandenden Flut das Gefühl der Selbstbestimmung und damit deine innere Mitte nicht verlierst und zum Spielball der Wogen wirst: Konfrontiere das Geschehen ganz direkt, gehe mitten hinein, schaue genau hin, um den Schattenbereich und alle damit verbundenen Gefühle ganz bewußt zu erleben, jedoch ohne ihn zu analysieren oder zu bewerten. Du kannst zum Beispiel mit dem Schatteninhalt in einen Dialog treten und sagen: "Also gut, jetzt komm her, ich will dich nun aber ganz genau kennenlernen. Du hast so lange in einem versteckten Winkel meines Schattenbewußtseins gehaust und mein Lebens hinterrücks beeinflußt. Jetzt komm heraus und zeige dich, damit ich dich bewußt erleben kann." Drängt sich dir ein Schatteninhalt in der beschriebenen, intensiven Weise auf, so ist es immer ein Zeichen, daß das dahinterstehende Prinzip in diesem Augenblick gelebt werden will - sei es in Form von körperlichen Reaktionen oder von Emotionen - da es sich erst durch das bewußte Hereinnehmen und Erleben lösen kann. Wenn dir danach ist und es die Umstände erlauben, kannst du deine Wut auch hinausschreien, die Tränen deiner Angst oder Trauer fließen lassen, dich also gründlich austoben oder ausheulen und es dir einmal so richtig schlecht gehen lassen - was jedoch nicht bedeuten soll, daß du in deinen inneren Schmollwinkel oder gar in die Depression flüchtest. Es bedeutet einfach, daß du jetzt einmal nicht nett und freundlich sein mußt, niemanden, auch nicht dir selbst, zu gefallen brauchst und somit die Schattenlösung mit allen Konsequenzen zulassen kannst. Das Durchleben des Schattens hat tatsächlich nur dann eine erlösende Wirkung, wenn du dich nicht gleichzeitig für den betreffenden Schatteninhalt oder dein Verhalten verurteilst, sondern beiden dein bedingungsloses Einverständnis gibst. Diese aktive Form der Schattenlösung ist jedoch nicht unbedingt erforderlich. Je tiefer dein Einverstandensein, desto leichter kann sich der Schatten allein auf der Ebene des Bewußtseins lösen.

Wahrscheinlich wirst du merken, daß der furchterregende Schatteninhalt durch deine direkte Hinwendung eine Menge von seinem Schrecken verliert. Manchmal löst er sich auch recht schnell auf oder nimmt deine Aufmerksamkeit nicht mehr gefangen. Dann magst du denken: "Nanu, das soll es schon gewesen sein? Da muß doch noch mehr kommen. Vielleicht muß ich noch tiefer hineingehen." Laß in einem solchen Fall auch deine Entspannung zu, freue dich an dem Stückchen Freiheit, das du dazugewonnen hast. Die Schattenlösung ist ja nur *eine* Hälfte deiner Entwicklung zur Ganzheit und im Grunde genommen ein Nebenprodukt. Die andere Seite aber ist der Zuwachs an innerem Glück, an Liebe und Freiheit, die durch das Zulassen deiner authentischen Wesensanteile und Wünsche vertieft und gestärkt werden.

Hast du eine solch intensive Form der Schattenlösung einige Male durchlaufen, wirst du erleben, daß auch im täglichen Leben deine Fähigkeit zur Selbstbestimmung gewachsen ist.

Nun haben manche Menschen soviel Zurückgewiesenes und Verdrängtes in sich angestaut, daß die Schattenlösung gar kein Ende zu nehmen scheint. Sie erleben durch das Einverstandenseins zwar Momente der Erkenntnis und Befreiung, doch sind diese "Ruhepausen" nur von kurzer Dauer. Auch bei Menschen, deren Schatten geringere Dimensionen besitzt, können immer wieder Phasen auftreten, die zu dem Ausruf Anlaß geben: "Hört das denn niemals auf?"

Dazu können wir nur sagen: Es hört auf. Doch wird in der Regel eine Struktur, die über Jahre oder gar mehrere Leben hinweg in dir existierte, nicht von heute auf morgen einfach verschwinden. Auch hier wird es hilfreich sein, dich auf deine eigentlichen Wünsche und Sehnsüchte zu besinnen, sie in dein Einverstandensein mit hineinzunehmen und auf diese Weise zu stärken. Dadurch wächst deine Bereitschaft, jene Gefühle gehen zu lassen, die trotz ihrer Negativität Vertrautheit besitzen und damit eine scheinbare Sicherheit bedeuten, und dich stattdessen auf Neues, Unvertrautes, Unbekanntes einzulassen. Außerdem darfst du dich freuen, daß soviel in dir geschieht, daß soviel bereinigt und gelöst wird, und wenn du jede Phase dieses "Putzvergnügens" mit Zustimmung und Freude begleitest, so können die inneren Putzteufel ihre Arbeit noch viel besser tun und der Staub, den sie dabei aufwirbeln, wird dich viel weniger überschatten. Es kann in einer solchen Zeit hilfreich sein, die Meditation gemeinsam mit einem guten Freund oder Freundin auszuüben, eure Erfahrungen auszutauschen und euch bei den Schritten in unbekanntes Neuland und bei der Entdeckung der ehemals unter Schmutz vergrabenen Schätze gegenseitig zu unterstützen.

Wir möchten in diesem Zusammenhang auch noch einmal daran erinnern, daß Negativität allein durch unsere Negation hervorgerufen wird. Schatten ensteht erst, wenn wir dem Licht eine Grenze setzen. Nachdem wir also zunächst die Einheit negiert haben, entsteht zum ersten Mal Angst. Diese Angst projizieren wir auf den abgelehnten Lebensbereich, in diesem Fall die Einheit.

Das Bewußtsein der Einheit sinkt in den Schatten und bekommt ein negatives Vorzeichen, wird beispielsweise zu etwas Nebulösem, in dem wir und auflösen und verlieren könnten. Dagegen gilt es nun zu kämpfen oder davor zu fliehen.

Das Paradies, das durch die Negation der Einheit verloren ging, beginnen wir im Außen oder bei anderen suchen. Damit machen wir uns abhängig von äußeren Bedingungen. Wir negieren weitere authentische Bewußtseinsbereiche bzw. Wesensanteile, um durch andere Liebe, Anerkennung oder Sicherheit zu erlangen oder einem verinnerlichten Selbstbild zu entsprechen. Die negierten Wesensanteile zu leben wäre hingegen mit neuer Angst, beispielsweise der vor Liebesverlust verbunden. Diese Angst projizieren wir also wiederum auf die abgelehnten Bereiche, so daß auch sie mit Angst besetzt werden und in den Schatten sinken, von wo aus sie sich als Negativerfahrung wieder melden. Diese gilt es wiederum zu bekämpfen oder vor ihnen in allerlei Aktivitäten oder Ersatzbefriedigungen (arbeiten, essen, Imagepflege usw.) zu flüchten. Dadurch vergrößert sich die Abhängigkeit und wir entfernen uns immer mehr von einer authentischen Lebensweise. Nun entsteht die zusätzliche Angst, diese Bemühungen könnten nicht zum Erfolg führen. Und so geht es weiter. Die Probleme, die dieses Verhalten unweigerlich mit sich bringt, projizieren wir nach außen. Darüberhinaus ziehen wir im Außen an, was unserer inneren Struktur entspricht. Es kommt also zu einer Kettenreaktion von Verleugnung, Angst, Flucht und Kampf, weiterer Verleugnung und zusätzlicher Angst, neuen Flucht- und Kampfstrategien usw. Mit jeder neuen Verneinung bzw. Verdrängung fügen wir dieser Kette, die unsere ursprüngliche Wesensäußerung gefangenhält, ein neues Glied hinzu. Stehen wir nun vor der Aufgabe, unsere Ablehnung zurückzunehmen, fürchten wir, das Geschehen nicht mehr in der Hand zu haben. Wir denken, irgend etwas Schlimmes würde passieren und wir müßten furchtbar leiden.

Dabei übersehen wir, daß die ganze Misere allein aus unserer Angst bzw. Ablehnung resultiert. Die lateinische Wurzel von "Angst" ist "angustiae", zu deutsch Enge. Wir finden diese sprachliche Verbindung beispielsweise in dem Krankheitsbegriff der Angina Pectoris, der Brust-Enge, einer Ver-engung der Herzkranzgefäße, die mit starken Angstgefühlen einhergeht. Enge aber bedeutet Begrenzung und damit Ausgrenzung, Verneinung und Ablehnung. Sie also ist es, die "geheilt" bzw. zurückgenommen werden muß, nicht ein bestimmter Wesenszug oder Lebensbereich, der erst durch unsere Ablehnung eine negative Ausdrucksform angenommen hat.

Durch unser Zulassen nehmen wir die Negation auf jeder Ebene zurück. Damit werden die abgelehnten Lebensbereiche zu einer bereichernden Erfahrung bestimmter Ausdrucksformen des Lebens. Hören wir beispielsweise auf, das Alleinsein zu negieren und damit zu fürchten, finden wir nun zu uns selbst und können unsere Liebe ohne Bedingungen verschenken. Lassen wir die Möglichkeit des Ver-sagens zu, finden wir zu dem zurück, was wir eigentlich sagen wollten, und der Verlust von Anerkennung macht uns frei für eine unabhängige Lebensweise. Durch das Zurücknehmen der Negation können wir jetzt endlich unseren ureigensten Ausdruck von Liebe und Kreativität zulassen, der unter unseren Ängsten verschüttet war, und diese neue innere Struktur spiegelt sich ebenfalls in den äußeren Lebenserfahrungen wieder.

Hier wird auch noch einmal verständlich, warum wir die *Haltung* des Einverstandenseins gegenüber dem Akzeptieren einzelner Schattenanteile so sehr betonen. Letzteres würde bedeuten, daß wir, beginnend am äußeren Ende, alle Kettenglieder einzeln angehen würden. Durch die *Haltung* des Einverstandenseins können sich mehrere Kettenglieder gleichzeitig lösen. Indem wir auch die ursprüngliche, authentische Sehnsucht nach Liebe, Selbstausdruck usw. in das Einverstandensein mit hineinnehmen, werden dieses Wesensanteile gleichzeitig gestärkt. Ist die Haltung des Einverstandenseins so vollkommen, daß sie nichts mehr ausschließt, können wir sogar die ganze Kette abschütteln, doch gelingt dies auf Anhieb nur sehr selten oder zunächst nur für kurze Zeit.

Mit diesen Informationen gehen wir nun weiter zum zweiten wichtigen “Stolperstein”, der natürlich auch beim Thema des ersten “Stolpersteins” zu beachten ist, den wir jedoch zur besseren Übersichtlichkeit getrennt anführen. An diesem zweiten “Stolperstein” können wir hängenbleiben, wenn wir zwar einen Schatteninhalt zulassen, aber die *Reaktion* abwehren, die durch dieses Zulassen hervorgerufen wird.

Nehmen wir dazu ein Beispiel: Angenommen, du läßt eine lange unterdrückte Wut auf einen nahestehenden Menschen endlich in dir zu. Diese Wut, die vielleicht eine lange Geschichte der Unterdrückung durchlaufen hat, kommt nun besonders geballt und mit wüsten Beschimpfungen und Verwünschungen gespickt heraus. Das löst die Angst aus, die Zuneigung oder Anerkennung des betreffenden Menschen zu verlieren, Disharmonie in das Zusammenleben zu tragen und zudem deinem eigenen Bild als dem eines feinsinnigen und friedliebenden Menschen nicht mehr zu entsprechen. Diese Ängste waren der eigentliche Grund, warum du die Wut solange zurückgewiesen hast. Da du sie im Zuge deiner Meditation des Einverstandenseins nun aber zulassen willst, entsteht ein innerer Konflikt, in dessen Verlauf du versuchst, die Angst zurückzuweisen, um die Wut besser annehmen zu können.

Es ist sehr wichtig, diesen Mechanismus zu verstehen, denn wenn er dir bewußt ist, gibt es einen ganz einfachen Ausweg. Wir haben davon gesprochen, daß das Einverstandensein nur dann eine tiefgreifende Wirkung zeigt, wenn es nichts ausschließt. Das bedeutet in diesem Fall, daß du zusammen mit der unliebsamen Erfahrung auch alle deine Reaktionen darauf zuläßt. Die Abwehr deiner Reaktion ist ein so subtiler Vorgang, daß du sie in der Regel überhaupt nicht bemerkst. Häufig ist die Reaktion auch viel unbestimmter als in dem gegebenen Beispiel. So kann sie sich nur als eine vage, undefinierbare Angst vor etwas Unbekanntem äußern. Die innere Spannung, die damit einhergeht, ist jedoch wie auch beim ersten "Stolperstein" deutlich zu spüren. Sie ist immer ein Hinweis auf eine unbewußte Abwehr oder Manipulation.

Kehren wir zurück zu unserem Beispiel und nehmen wir nun an, du erlaubst zusammen mit deiner Wut auch der Angst vor Liebesverlust etc. in dir zu leben. Dies kann nun eine weitere Reaktion auslösen, beispielsweise die Angst, verlassen zu werden. So gilt es nun, auch diese Reaktion zuzulassen. Dies bedeutet nichts anderes, als gerade immer das an innerem Erleben, Gefühlen und Reaktionen geschehen zu lassen, was sich in jedem Augenblick neu für dich zeigt. Diese Übung wird auch im täglichen Leben ganz enorm deine Fähigkeit fördern, im Hier und Jetzt zu leben, offen zu sein für jeden neuen Augenblick. So ist also auch hier wieder die *Haltung* des Einverstandenseins gefordert, die sich nicht nur einem bestimmten Inhalt zuwendet, sondern automatisch alles einschließt.

Kommen wir nun zum dritten und letzten "Stolperstein". Wenn du einmal erfahren hast, wie sich durch dein bedingungsloses Zulassen ein Schmerz, eine Wut, Angst oder Trauer aufgelöst haben, mag in dir der Wunsch entstehen, das Einverstandensein speziell zu diesem Zweck zu praktizieren. Dies ist eine verständliche Reaktion. Doch weckt der Wunsch, eine unangenehme Erfahrung möge durch unser Zulassen doch bitte möglichst schnell verschwinden eine Erwartungshaltung, die dein

Erleben spaltet in das, was ist und das, was sein soll. Damit verläßt du wiederum den gegenwärtigen Augenblick und weist die anstehende Schattenlösung zurück. Du versuchst, den zehnten Schritt vor dem ersten zu tun und bleibst in deiner Vorstellung hängen, wie es dort beim zehnten Schritt aussehen wird. Dabei vergißt Du, daß dich deine Füße automatisch zum Ziel tragen, wenn du es ihnen erlaubst. Indem du hingegen einer Vorstellung folgst, versäumst du es, wirklich loszugehen.

Sobald du spürst, daß du in einer Erwartung steckenbleibst, kehre zu dem zurück, was im Moment in dir gelebt werden will. Rufe dir noch einmal in Erinnerung, daß dein inneres Selbst nicht nur weiß, auf welche Weise es dich zur Ganzheit führen kann, sondern auch, welche Erfahrungen du dabei zu durchlaufen hast und wieviel Zeit dies braucht, damit deine Heilwerdung eine wirkliche ist, dauerhaft und umfassend und nicht nur eine scheinbare, die auf einer Symptomverschiebung oder neuerlichen Verdrängung beruht.

Wenn sich nun die beschriebene Erwartungshaltung bei dir einstellt, ist es jedoch ganz wichtig, daß du deinen Wunsch nicht zurückweist. Beachte auch hierbei die Hinweise zur Umgehung des zweiten "Stolpersteins" und lasse den Wunsch in dir leben, während du die Schattenlösung auf die notwendige Art geschehen läßt. Dies gilt für jegliche Erwartungshaltung, die sich während der Meditation des Einverstandenseins einstellt.

Vielleicht ist dir bei unseren Ausführungen aufgefallen, daß das vollkommene Einverstandensein auch ein Zulassen von scheinbaren Widersprüchen von dir fordert. Das läuft unserer Gewohnheit zuwider, ein Ziel ganz direkt zu verfolgen, gradlinig zu denken und zu handeln und alles auszuschließen, was nicht in unser Konzept paßt. Dies ist jene Eigenschaft der männlichen

Yang-Kraft, die in unserer Gesellschaft vorherrschend ist und die auch die Fähigkeit des Unterscheidens, Analysierens, Urteilens etc. mit einschließt - all jene Funktionsweisen unseres Geistes also, die wir für unsere Übung des Einverstandenseins beiseite legen. Anstelle des üblichen "Entweder - oder" setzen wir nun ein "Sowohl als auch". Als Ausgleich und Ergänzung zu der überkultivierten Yang-Kraft ist hier das Prinzip des Yin gefordert, jene "weibliche" Haltung, die alles umfaßt, die auch Widersprüche zuläßt und in ihr liebevolles Annehmen alle Facetten des Seins mit einschließt. Dies ist die Haltung der "kosmischen Mutter", die wir alle, ob Mann oder Frau, als Potential in uns tragen. Indem wir uns in diese Haltung einschwingen, erkennen wir schließlich die Relativität allen Seins und das Leben wird zu einem freien und kreativen Spiel, das erst durch das Zulassen der Vielfalt Vollkommenheit erlangt.

Vielleicht haben unsere Ausführungen einigermaßen kompliziert geklungen, tatsächlich ist jedoch nur eines gefordert: Einverstandensein - in aller Schlichtheit und Einfachheit, jedoch vollständig und ohne irgend etwas auszuschließen. Wo diese Vollständigkeit durch unsere eingefahrenen Gewohnheiten gefährdet sein könnte, haben wir die Hinweise auf die entsprechenden "Stolpersteine" gegeben. So möchten wir hier die wichtigsten Punkte zum Überblick noch einmal zusammenfassen:

* Es geht um jene *Haltung* des Einverstandenseins, die dein ganzes Sein und Wesen mit einschließt. Es geht nicht darum, bestimmte *Situationen* zu *akzeptieren*, mit denen du eigentlich gar nicht einverstanden bist, sonderen *deine Reaktionen* auf die Situationen zuzulassen. Es ist die Haltung bedingungslosen Zulassens und Geschehenlassens all dessen, was an Eigenschaften und Wünschen, an Gefühlen und Empfindungen

in dir lebt und gelebt werden will, durch die Negation zurückgenommen, der Schatten erlöst und die Erfahrung der inneren Einheit mit allem Sein ermöglicht wird. Auf der Grundlage dieser Haltung kann dein innerstes Selbst für dich wirken. Dein Selbst weiß, wie es dich zur Ganzheit führen kann, was in dir geheilt werden muß und wie schnell und auf welche Weise dies geschehen kann.

* So geht es nicht darum, Erfahrungsinhalte zu analysieren, zu bewerten oder *willentlich* zu akzeptieren.
* Auch geht es nicht darum, Erlebnisse aus der Vergangenheit "aufzuarbeiten", die ja nur symbolisch für eine immer noch gegenwärtige, psychische Struktur stehen.
* Es geht weniger darum, *was* du erlebst, als vielmehr darum, *wie* du es erlebst. Anstatt deine Aufmerksamkeit auf einen Inhalt zu richten, bleibe bei dem, was sich für dich an Gefühlen, Empfindungen und Reaktionen damit verbindet, ohne jedoch die Inhalte zu verdrängen.
* Richte von deiner Seite aus deine Aufmerksamkeit nicht auf eine bestimmte innere Erfahrung. Wenn deine Aufmerksamkeit jedoch von einer körperlichen Empfindung, einem Gefühl oder ähnlichem angezogen wird, nimm es als Zeichen, daß dieser Bereich jetzt deine Aufmerksamkeit braucht. Erlaube ihr, dorthin zu gehen und dabei zu bleiben, bis die Anziehung nachläßt und deine Aufmerksamkeit wieder frei wird.
* Der erste "Stolperstein" besteht darin, daß du automatisch nur angenehme Erfahrungen zulassen und herbeiziehen willst, alles andere aber gewohnheitsmäßig verdrängst. Du spürst deine Abwehr als unangenehme Spannung. Sie ist ein Hinweis darauf, zur *allgemeinen Haltung* des Einverstandenseins zurückzuge-

hen und nicht in dem Versuch steckenzubleiben, *bestimmte Erfahrungen bewußt anzunehmen*. Lasse jedoch auch jene erfreulichen Wesensanteile und Eigenschaften zu, die du normalerweise zurückweist, da sie mit Ängsten belastet sind, und schließe auch deine Sehnsüchte und Wünsche in das Einverstandensein mit ein.

* Im Falle einer intensiven Schattenlösung konfrontiere die auftretenden Erfahrungen ganz direkt, gehe in sie hinein und erlebe sie bewußt.
* Wirst du von einer Flut von Eindrücken überrollt, denke daran, mit deiner Aufmerksamkeit *bei dir* zu bleiben, bei deinen Gefühlen und körperlichen Empfindungen, während du die Vorstellungen, Bilder und gedanklichen Inhalte, ohne sie zu verdrängen oder zurückzuweisen, vorüberziehen läßt.
* Der zweite "Stolperstein" besteht darin, daß du zwar eine Schattenlösung zuläßt, aber die Reaktionen darauf abwehrst. Auch diese Abwehr erlebst du als innere Anspannung. – Lasse immer gerade das an innerem Erleben, Gefühlen und Reaktionen geschehen, was sich in jedem Augenblick neu für dich zeigt.
* Der dritte Stolperstein besteht in der Erwartung, daß durch dein Einverstandensein ein Schatteninhalt möglichst schnell verschwindet oder eine andere erwünschte Reaktion eintritt. – Kehre auch hierbei mit deiner Aufmerksamkeit zu dem zurück, was gerade geschieht. Denke daran, daß dein innerstes Selbst weiß, auf welche Weise es dich zur Ganzheit führen und Heilung bewirken kann, welche Erfahrungen du dabei zu durchlaufen hast und wieviel Zeit dies braucht. Lasse den Wunsch in dir leben, während du die Schattenlösung auf die notwendige Weise geschehen läßt.

Wenn du die Meditation des Einverstandenseins bereits über einen längeren Zeitraum hinweg ausgeübt hast, entwickelt sich allmählich ein Gewahrsein in dir, das in manchen spirituellen Traditionen als "Zeugenbewußtsein" beschrieben wird. Du erlebst Momente, in denen du dich weder mit dem Inhalt einer Erfahrung noch mit dem Vorgang des Erfahrens identifizierst. Du erkennst, daß hinter beidem ein Bewußtsein existiert, das als der Erfahrende bezeichnet werden kann. Dieses Bewußtsein ist frei von allen Begrenzungen. Sein unabhängiger Status wird durch deine inneren Erfahrungen in keiner Weise beeinflußt.

Du kannst die Entwicklung dieses Bewußtseins dadurch unterstützen, daß du darauf schaust, wer es ist, der all dies erfährt. Doch solltest du darauf achten, daß hierdurch nicht eine künstliche Spaltung in dir bewirkt wird und deine Unbefangenheit verloren geht. Sobald dir dieses Bewußtsein jedoch leicht zugänglich ist, kannst du diese Fähigkeit während deiner Meditation des Einverstandenseins jederzeit einsetzen, wenn dir beispielsweise ein unangenehmes oder angstauslösendes Erlebnis begegnet. Auf diese Weise kann sich der entsprechende Schatteninhalt leichter und schneller lösen.

Zum Abschluß dieses Kapitels möchten wir noch eine kleine Begebenheit erzählen:

Vor einigen Jahren besuchte eine junge Schriftstellerin einen Meditationskurs, der von Shalila geleitet wurde. Sie kam gerade von einer Reise durch Indien zurück, bei der sie mehrere Meister besucht hatte. Obwohl ihr diese Begegnungen ein großes Stück weitergeholfen hatten, wurde sie immer noch von allerlei Ängsten geplagt und klagte darüber, daß ihre Meditation nicht befriedigend sei. Nachdem Shalila ihr in einem Gespräch noch einmal die Haltung des vollkommenen Einverstandenseins erklärt hatte, erlebte sie die tiefste Meditation seit Beginn ihrer Meditationspraxis. Später sagte sie zu Shalila: "Da reise ich um die halbe Welt, und finde bei allen Gurus letztendlich die gleiche Botschaft: *Einverstandensein.* Bevor ich sie aber wirklich begreife, muß ich erst zu Hause auf "so ein Mädchen" treffen, das mir mit ein paar Worten klar macht, was mir all die Gurus eigentlich beizubringen versuchten."

Tatsächlich ist die Haltung des Einverstandenseins ein wirksames Mittel zur Vertiefung jeder Meditation, Therapie oder Heilmethode, die auf natürlichen Prinzipien beruht und die Schattenlösung mit einbezieht. Auf diese Zusammenhänge werden wir im vorletzten Kapitel dieses Buches noch näher eingehen.

Zunächst möchten wir auf den folgenden Seiten aufzeigen, welche Wirkungen das Einverstandensein auf verschiedene Bereiche unseres Lebens ausüben kann und wie wir mit seiner Hilfe Heilung und ganzheitliches Wachstum in diesen Bereichen fördern können.

Heilung des Körpers

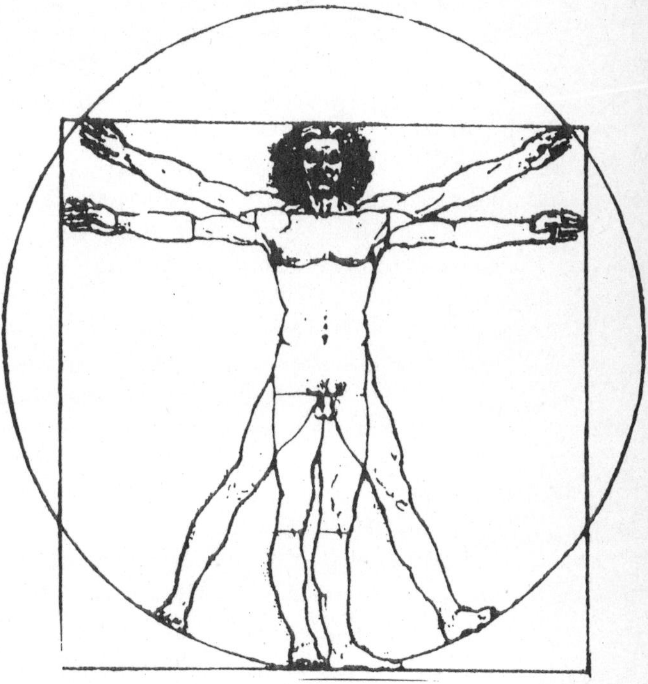

Wenn wir die Schöpfung als einen Tanz von Schwingungen betrachten, so besitzt unser Körper, über den sich unsere Existenz auf der physischen Ebene manifestiert, die größte Schwingungsdichte. In ihm "verdichten" sich die Schwingungsstrukturen von Geist und Seele in physisch sichtbarer Form.

Gemäß dieser Erkenntnis ist es also "der Geist, der sich den Körper schafft", wie es u.a. Goethe so treffend formulierte. Die Überlegenheit des Geistes über die Materie wird im sogenannten "Placebo-Effekt" auf beeindruckende Weise sichtbar: Sind wir überzeugt, eine Medizin erhalten zu haben, die unsere Krankheit heilt, können wir tatsächlich häufig eine deutliche Besserung feststellen, obgleich die Tablette nichts weiter als beispielsweise Zucker enthielt. Unsere innere Einstellung veränderte hierbei die physische Struktur in einer Weise, daß Heilung möglich wurde.

So besitzt auch unsere gesamte Lebenseinstellung einen ausschlaggebenden Einfluß auf unser körperliches Wohlbefinden. Leben wir im Einklang mit den natürlichen Gesetzmäßigkeiten des Lebens, lassen Ganzheit zu, ohne immer wieder diesen und jenen Pol zu verneinen und zu verdrängen, manifestiert sich diese Haltung im Körper als Gesundheit und physische Lebenskraft, während sich Einseitigkeit und die damit einhergehende Disharmonie in Form von körperlicher Krankheit äußern kann.

Nun gibt es viele Menschen, die sich als gesund betrachten, deren Leben jedoch bei weitem nicht frei ist von Disharmonie und Einseitigkeit. Dazu gibt es zweierlei zu sagen: Zum einen wird der Begriff der Gesundheit heute von vielen ganzheitlich denkenden Experten sehr viel umfassender definiert als in der üblichen "Abwesenheit von Krankheit". Gemäß diesem Verständnis gehört zur Gesundheit ein tiefes, von äußeren Bedingungen unabhängiges, inneres Glück, eine natürliche Haltung der Gelassenheit, die Fähigkeit zur kreativen Gestaltung des Lebens und eine Lebenshaltung, die in Problemen eine willkommene Herausforderung zum Wachstum erkennt. Eine solche Definition unterscheidet sich weitgehend von dem gängigen Gesundheitsbegriff.

Zum anderen äußern sich geistig-seelische Probleme häufig erst dann in Form von körperlichen Erkrankungen, wenn wir die Botschaft des Problems nicht begriffen und sie zusammen mit dem Problem erfolgreich aus unserem Bewußtsein verdrängt haben. Über kurz oder lang taucht nun das Problem an anderer Stelle, nämlich als körperliches Krankheitssymptom aus der Versenkung wieder auf. Das Symptom ist jedoch nur letztes Glied in jener Kette von Negationen, die wir im vorausgegangenen Kapitel beschrieben haben.

Nehmen wir zur Verdeutlichung ein konkretes Beispiel: Du hast aus Angst davor, deinen Partner zu verletzen, viele deiner Gefühle verleugnet, hast dich eingeschränkt, dich angepaßt und damit den freien, authentischen Ausdruck deiner Gefühle negiert. Sie frei fließen zu lassen, wäre nun mit Angst besetzt. So verdrängst du sie in den Schatten und die ursprüngliche Liebe verwandelt sich in ein Besitzen-wollen, Eifersucht oder ähnliches. Die Einschränkung und Beengtheit in deinem Gefühlsleben wird allmählich zu einem Problem, das du nach außen projizierst: Dein Partner liebt dich nicht wirklich. Möglicherweise lebt diese gesamte innere Struktur schon länger in dir und du hast einen Partner angezogen, der dich darin tatsächlich bestätigt. Obwohl dich deine ganze Situation darauf hinweisen will, daß es dir an authentischer Liebe mangelt, begreifst du es nicht. Du verleugnest weiterhin die Tatsache, daß du deine Liebe nicht frei fließen läßt. Schließlich wird das Problem in den Körper abgeschoben, du ziehst dir ein Krankheitssymptom zu, durch das du das Prinzip von Einschränkung und Enge nun auf der körperlichen Ebene ganz direkt erlebst – beispielsweise in einer Verengung der Herzkranzgefäße.

Krankheit bedeutet immer, daß ein Problem, das auf der seelisch-geistigen Ebene nicht erkannt und anerkannt wird, in den stofflichen Bereich sinkt und sich dort Aufmerksamkeit erzwingt. Fühlst du dich beispielsweise durch eine Krankheit schlapp und lustlos, so kannst du sicher sein, daß du auf der psychischen Ebene aus irgendeinem Grund echte Lebendigkeit nicht zuläßt, diese Tatsache aber gleichzeitig verdrängst. Vergiftet ein verborgener Eiterherd deinen Körper, so verschließt du deine Augen davor, daß du selbst im Verborgenen gegen etwas "giftest", gleichzeitig aber die Tatsache, daß es deinen Gefühlen oder deinem Verhalten an "Reinheit" und "Klarheit" mangelt, nicht wahrhaben willst.

An diesen Beispielen erkennen wir, daß jedes Krankheitssymptom eine ganz spezifische Botschaft in sich trägt, die mit dem verdrängten Problem direkt korrespondiert. So kann uns Krankheit als Spiegel dafür dienen, in welchen Bereichen wir einen authentischen Lebensausdruck negiert haben. Im unserem Buch "Symbolsprache der Krankheit" (im gleichen Verlag) haben wir diese inneren Zusammenhänge aufgeschlüsselt und dargelegt, welche spezifischen Botschaften sich hinter den einzelnen Krankheitssymptomen verbergen.

Nun wird in der Regel die Krankheit als ebenso lästig empfunden wie das dahinterstehende Problem, weshalb auch die Schulmedizin vorrangig damit beschäftigt ist, Symptome zu beseitigen. Hierdurch kommt es häufig zu einer Verschiebung des Krankheitsbildes auf andere körperliche Bereiche, zu einer Verschlimmerung auf der psychischen Ebene, zu Nebenwirkungen durch Medikamente oder das Symptom kehrt nach einer gewissen Zeit in einer heftigeren Form zurück.

Dies ist ein nicht zu übersehender Hinweis darauf, daß Heilung nicht mit der Beseitigung des Symptoms gleichzusetzen ist, sondern allein auf der Ebene der zugrundeliegenden Problemkette vollzogen werden kann. Doch wollen wir mit diesen Aussagen nicht die Errungenschaften der Medizin schmälern, die als "erste Hilfe" Wertvolles leisten und gegebenenfalls einen Heilungsprozeß auf der körperlichen Ebene unterstützen kann. Dennoch wird eine Heilung erst dann umfassend und dauerhaft sein, wenn mit ihr ein Bewußtwerdungsprozeß einhergeht, in dessen Verlauf die Projektion auf die Umwelt, die Verdrängung des Problems von der psychischen Ebene in den Körper *und* die zugrundeliegende Negation des verleugneten, authentischen Wesensanteils zurückgenommen wird.

Hast du dir nun ein Krankheitssymptom "zugezogen", so geht auch hier der verläßliche Weg zur Heilung über das Einverstandensein. Damit deine Heilung tiefgreifend und umfassend ist, solltest du jedoch nicht versuchen, mit Hilfe des Einverstandenseins allein das Symptom zum Verschwinden zu bringen, obwohl dies unter bestimmten Voraussetzungen gelingen kann. Es geht auch hier vorrangig um die *allgemeine Haltung* des vollkommenen Einverstandenseins. Mit ihrer Hilfe nimmst du nicht nur die Verdrängung des zugrundeliegenden Problems und damit die Verschiebung in den Körper zurück, du hebst auch die Negation auf, aus der das Problem resultierte und wagst es endlich, den negierten Bereich anzuschauen und zu leben.

Was sich hier so einfach anhört, erfordert jedoch den Mut, sich auf Neues einzulassen und die vertrauten Strukturen zu verlassen, die sich vielleicht über Jahre hinweg gebildet haben, bis sie schließlich in Form physischer Krankheitssymptome sichtbar wurden. Hat das

Symptom lange gebraucht, um sich im Körper "einzuritzen", ist es also chronisch geworden, wird auch die körperliche Heilung in der Regel längere Zeit in Anspruch nehmen. Chronischen Krankheitsbildern liegt oft ein "chronisches" Problem zugrunde und eine tiefgreifende und dauerhafte Änderung des korrespondierenden Verhaltensmusters kann nur äußerst selten von heute auf morgen vollzogen werden.

Doch ist Krankheit immer eine Chance zur Rückbesinnung. Ist der Leidensdruck groß genug, kann er dich schließlich auch für jene tiefgreifenden inneren Veränderungen bereit machen, die du "freiwillig" nicht vollziehen würdest, durch die dein Leben jedoch ein Maß an Ursprünglichkeit und Freiheit, an Gefühlstiefe und Lebendigkeit gewinnen kann, von dem du vielleicht nicht einmal zu träumen gewagt hättest.

Wie also gehst du im Falle einer Krankheit nun praktisch vor? Beginne zunächst mit der Meditation des Einverstandenseins, so wie wir sie im vorhergehenden Kapitel dargelegt haben. Hierbei ist es sehr wahrscheinlich, daß deine Aufmerksamkeit früher oder später von den Schmerzen oder sonstigen körperlichen Empfindungen angezogen wird, die mit deinem Krankheitssymptom einhergehen. Ist dies nicht der Fall, so wird es genügen, wenn du die Meditation in der beschriebenen Weise ausführst und in die Haltung des Einverstandenseins deine Krankheit mit einschließt. Die wertfreie Anerkennung deiner Krankheit ist eine wichtige Voraussetzung zur Heilung. Wehrst du die Krankheit ab oder verurteilst du sie, fügst du nur der Kette der Negationen, die dich schon zur Genüge bindet, ein weiteres Glied hinzu.

Erlaube also deinem Krankheitssymptom in deinem Körper zu leben und zwar genau so, wie es dies von sich aus will. Auch dieses Symptom hat seine Berechtigung und seinen Sinn, den es jedoch nicht erfüllen kann, wenn du es zu verdrängen versuchst. Wird deine Aufmerksamkeit von einem Schmerz sehr stark angezogen, kannst du ihn, ähnlich wie bei den emotionalen "Schmerzen" beschrieben, direkt konfrontieren und mit deiner Aufmerksamkeit mitten hineingehen, bis die Anziehung nachläßt. Dies hilft der damit verbundenen körperlichen Spannung, sich zu lösen, so daß deine Energien in diesem Bereich wieder freier fließen können. Nicht selten verschwindet eine akute Verkrampfung oder ein Schmerz allein durch dieses vollständige, urteilsfreie Einverstandensein. Setzt du deinem Schmerz oder allgemein deiner Krankheit einen Widerstand entgegen, kann dies die Blockade im betroffenen körperlichen Bereich verstärken. Dein Einverstandensein öffnet diesen Bereich hingegen für die natürlichen Heilkräfte. Löst sich der Schmerz oder ein Krankheitssymptom durch diese direkte Hinwendung nicht auf, steht ein tieferes Problem dahinter.

Um es zu lösen solltest du dein Einverstandensein weiter ausdehnen. Beziehe in die Haltung des Einverstandenseins auch alle Gefühle mit ein, die sich mit dem Krankheitssymptom verbinden, erlaube auch deinen Ängsten, deiner Abwehr, deinem Unmut über die Krankheit in dir zu leben. Sobald du merkst, daß es etwas in deinen Emotionen gibt, das du doch lieber verdrängen möchtest, schließe auch diesen Bereich ganz bewußt mit ein. Auf diese Weise können dich deine Gefühle zu dem zugrunde liegenden Problem führen und du wirst eventuell sehr schnell merken, welche ureigensten Energien oder Gefühle du negiert hast, welche negativen Vorzeichen sie hierdurch angenommen haben, inwieweit du das Vorhandensein dieser negativen Ausdrucksform deiner

Gefühle und Energien zusammen mit ihrer Botschaft verdrängt hast, um nun im Krankheitssymptom damit konfrontiert zu werden.

Doch denke daran, daß du nicht versuchst, zu analysieren, zu bewerten oder zu manipulieren. Für eine *Lösung* dieser Problemkette ist es nicht notwendig, die inneren Zusammenhänge genau zu erkennen, sondern einzig und allein in der Haltung des Einverstandenseins jegliche Negation zurückzunehmen und deinem ursprünglichen Wesen zu erlauben, in dir zu leben und sich zu äußern. Überlasse deine Krankheit ebenso wie deine Ängste und Negationen der heilenden Kraft deines innersten Selbst. Lasse zu, daß es die "Verzauberung" deiner Gefühle aufhebt und dich zu ihren authentischen Ausdrucksformen zurückführt. Vertraue darauf, daß es dich zu jenen Erkenntnissen und Bewußtwerdungsprozessen führen wird, die für eine ganzheitliche Heilung tatsächlich vonnöten sind. Je weniger du selbst dazu tust, desto vollständiger kann seine Führung und deine Heilung sein.

Vielleicht wird deine Krankheit zu einem Tor in ein neues Leben, durch das du dich ohne ihre "tatkräftige" Hilfe nie hindurchgewagt hättest. Dann hätte sie ihre Funktion mehr als erfüllt und könnte nicht nur einfach verschwinden, sondern sich als hilfreicher Lehrmeister verabschieden.

Heilung der Gefühle

Unsere Gefühle bestimmen das Maß unseres Glücks, unserer Lebendigkeit und Zufriedenheit im Leben. Diese Aussage gilt unvermindert auch für jene Lebensbereiche, die eher den Fähigkeiten unseres Körpers oder unseres Geistes unterstehen. Auch hier ist es das *Gefühl*, das sich mit einer Handlung, einer Erkenntnis oder einer Leistung verbindet, das sie erst zu einem unmittelbar erlebten Wert für uns macht, auch wenn dieses Gefühl für uns nicht immer bewußt im Vordergrund steht. So setzen wir all unsere Fähigkeiten ein, um unser Selbstwert*gefühl* zu steigern, uns sicher oder glücklich zu *fühlen*. Haben wir etwas erreicht, so ist es das *Gefühl* der Zufriedenheit oder des Sieges, das für uns zählt. Gleichzeitig tun wir alles, damit uns unsere *Gefühle* der Angst, der Unfähigkeit oder der Einsamkeit nicht das Lebensglück rauben.

Nirgendwo tritt auch die Subjektivität unserer Wahrnehmung so deutlich zutage, wie in der Verbindung mit unseren Gefühlen. Sind wir glücklich, erscheint uns das Leben wunderbar und auch die trüben Tage besitzen einen besonderen Duft. Überfällt uns die Traurigkeit, erscheint uns die Welt grau und trist. Selbst der strahlendste Sonnenschein und der fröhlichste Vogelgesang können an dieser Empfindung nichts ändern.

Während wir erwünschte Gefühle herbeiführen wollen, wehren wir unerwünschte Gefühle ab. Indem wir Leiden zurückweisen, hoffen wir, die "schlechte" Hälfte des Lebens zu umgehen, doch ist es das ganze Leben, das uns entgeht, denn die Wirklichkeit ist unteilbar. Gleichzeitig richten wir unsere Aufmerksamkeit auf die äußere Gestaltung unseres Lebens, denn wir meinen, unsere Freude und Zufriedenheit hinge von äußeren Umständen ab, von Erfolg oder Niederlage, von dem Maß an Liebe und Anerkennung, das wir erhalten. Dabei übersehen wir, daß die Fähigkeit, Liebe und Freude zu erfahren, eine Eigenschaft unseres innersten Selbst ist, die immer gegenwärtig in uns lebt. Um sie zu wecken, bedarf es allein einer Öffnung von unserer Seite, eines Loslassens von den Begrenzungen des Ich, wie wir es beispielsweise in der Hingabe an einen anderen Menschen, im Augenblick einer Wunscherfüllung oder einer besonderen Erkenntnis erleben.

Diese Momente sind jedoch meist nur von kurzer Dauer, da unser Ich sogleich die Angst mit ins Spiel bringt, das Glück wieder zu verlieren. In der Erinnerung binden wir nun das Glück an die äußeren Umstände oder die Menschen, durch die unsere Erfahrung ausgelöst wurde. Wir glauben, die gleiche Erfüllung zurückholen zu können, indem wir die selben Bedingungen noch einmal inszenieren.

Glück und Angst hängen jedoch allein von unserer Einstellung ab, von unserem inneren "Ja" oder "Nein" zu dem, was wir im Augenblick sind und erleben. Je vollkommener das "Ja", desto größer das Glück. Je vollständiger das "Nein", desto schmerzlicher sind Unglück und Angst. Doch sind wir es gewohnt, unser bedingungsloses "Ja" nur für sorgfältig ausgewählte Eigenschaften, Gefühle, Erlebnisse und Situationen aufzusparen, während wir mit dem “Nein” recht verschwenderisch umgehen.

Während unser “Ja” Grenzen auflöst und uns zur Erfahrung der inneren Einheit zurückführt, ist es unser “Nein”, das Grenzen setzt, das Angst, Trauer, Einsamkeit aber auch Wut und Aggressionen zur Folge hat. Indem wir diese als negativ empfundenen Emotionen wiederum verneinen, verstärken und nähren wir sie, denn in unserer neuerlichen Negation liegt die gleiche Art der Energieschwingung, die gleiche Schwingung des “Nein”, die unsere authentischen Gefühle erst in negative Emotionen verwandelte. Setzen wir dem ursprünglichen “Nein” aber ein “Ja” entgegen, kann diese neue Schwingung die Negativität aufheben.

Sobald du also beginnst, deine Gefühle einfach zu leben wie sie sind, beginnst du nicht nur, ehrlicher zu sein, die negativen Energien beginnen sich auch zu verwandeln und finden zu ihrer authentischen Ausdrucksform zurück. Zunächst mögen sie jedoch – von ihren Fesseln befreit – in ihrer ganzen Intensität in dein Bewußtsein treten. Es ist wie das Aufbrechen eines Furunkels im Zuge eines natürlichen Reinigungsprozesses: Wir erkennen zunächst nur die freigesetzten Gifte – Emotionen, die uns zu überfluten scheinen. Je größer jedoch unsere Bereitschaft ist, uns durchströmen zu lassen, desto eher merken wir, daß wir von all jenen Ausdrucksformen der Energie gereinigt und befreit werden, die nutzlos und unbrauchbar geworden sind.

Im Prozeß dieser Klärung und Reinigung kann unsere Wut nun dazu dienen, jene inneren Blockaden zu durchbrechen, die den freien, selbstbestimmten Ausdruck unseres Wesens behindern. Die Tränen der Trauer können gefühlsmäßige Verkrampfungen lösen und emotionale Gifte fortschwemmen. Tränen, die nicht durch eine mechanische oder chemische Reizung, sondern durch Emotionen hervorgerufen werden, weisen tatsächlich eine hohe Konzentration an Giftstoffen auf - ein Zeichen, daß gleichzeitig der Körper gereinigt wird. Angst kann uns zeigen, wo wir so eng geworden sind, daß wir stagnieren und nicht mehr mit unseren Gefühlen und den Ereignissen im Leben fließen. Doch können all diese Emotionen ihre Aufgabe nicht erfüllen, solange wir sie negieren und als etwas Unerwünschtes zurückweisen.

Zur Verdeutlichung dieser Zusammenhänge möchten wir die wichtigsten Gefühle und ihre Schattenaspekte im Folgenden ausführlicher behandeln: Vertrauen mit seiner Schattenseite der Angst; freier Selbstausdruck und Selbstbestimmung mit ihren negativen Ausdrucksformen der Wut und Aggression; Liebe mit ihren "verzauberten" Formen der Eifersucht und des Hasses, der Trauer und der Einsamkeit. Und auch zur Depression wollen wir einige Gedanken hinzufügen.

Beginnen wir mit dem Komplex Vertrauen - Angst und unserem Bedürfnis nach Sicherheit, nach Dauer und Verläßlichkeit, das damit einhergeht. Bevor wir noch unser Herz öffnen, soll unser Leben auf einer sicheren Grundlage stehen. Doch schon das Bedürfnis nach Sicherheit zeigt einen Verlust des Vertrauens an, der es außerordentlich schwer macht, eine solche Basis herzustellen.

Angesichts eines Lebens, das ständige Unsicherheit mit sich bringt - unser Partner kann uns verlassen, unser Arbeitgeber kündigen, wir können in jedem Augenblick verletzt oder sogar ausgelöscht werden - scheint es nun besonders wichtig, uns gegen alle möglichen Gefährlichkeiten abzusichern. Unsere Gesellschaft erklärt sich mit diesem Bedürfnis konform und bietet uns allerlei Möglichkeiten dazu an. So gibt es nicht nur gesellschaftlich sanktionierte Regeln und Verhaltensweisen, deren Befolgung uns gesellschaftliche Anerkennung und damit ein Gefühl der Sicherheit verspricht, wir können auch ganz direkt gegen Krankheit, Unfall, Brand usw. eine Versicherung abschließen. Zu unserem Bedauern ist es jedoch unmöglich, uns gegen das Leben selbst zu versichern, gegen die Veränderungen, die es mit sich bringt, gegen das Unvorhersehbare und Unkontrollierbare. Paradoxerweise wächst auch noch das Gefühl der Unsicherheit im gleichen Maß, wie wir auf Sicherheit versessen sind.

Während es im äußeren Leben vor allem unvorhersehbare bzw. unerwünschte Ereignisse sind, die als Angstauslöser dienen, ist es im psychischen Bereich alles Unvertraute und Unbekannte. Hier haben wir jedoch in einem gewissen Rahmen die Wahl, uns darauf einzulassen oder nicht, den sicheren Boden zu verlassen und uns für Neues zu öffnen oder die eingefahrenen, emotionalen Muster und Verhaltensstrukturen unablässig zu wiederholen. Meist entscheiden wir uns für das Letztere und halten auch an negativen Mustern allein deshalb fest, weil sie Vertrautheit besitzen. Der Gedanke, sie aufzugeben, ist mit Angst verbunden. Doch was wir hierbei spüren ist nichts anderes, als unsere eigene "angustiae", unsere Enge, die uns von vornherein bestimmte Erfahrungen ausgrenzen und abwehren läßt. Diese Erfahrungen verwandeln sich dabei in bedrohliche Schattenwesen, die unsere Abwehr zu rechtfertigen scheinen und die Angst verstärken.

Schauen wir uns die Angst einmal genauer an, erkennen wir, daß sie immer auf einer Eventualität beruht, einem "Es könnte sein, daß..." Meist richtet sie sich dabei in die Zukunft, und sei diese Zukunft auch nur der nächste Moment. Wenn wir stürzen ist die Angst da, uns gleich weh zu tun. Steigen unbekannte Emotionen in uns auf, überfällt uns die Angst, sie könnten unser Leben in unerwünschter Weise beeinflussen. Verläßt uns der Partner, weckt das die Angst, allein zu bleiben und unglücklich zu werden. Sind wir dann unglücklich, bekommen wir es mit der Angst zu tun, daß dies nie wieder aufhören könnte. Ändern wir unser Verhalten, beschleicht uns die Angst, wir könnten dem anderen nicht mehr gefallen. Auch die sogenannte unbestimmte Angst, die manchen Menschen ein ständiger Begleiter ist, hat einen definitiven Inhalt, den wir jedoch mit Erfolg verdrängt haben. Während wir also Angst im Augenblick sehr konkret erleben, bezieht sie die Berechtigung für ihr Dasein aus einer Möglichkeit bzw. aus der Zukunft und damit aus einer Vorstellung, mag diese Vorstellung auch auf früheren Erfahrungen beruhen.

Angst bedeutet also, Vorstellungen auf die Wirklichkeit zu projizieren, die den gegenwärtigen Augenblick stehlen, indem sie uns die Illusion zukünftiger Schrekken ausmalen. Die Angst lehnt die Wirklichkeit des aktuellen Augenblicks ab.

Das Einverstandensein läßt uns hingegen zunehmend im Jetzt leben, läßt uns jede Sekunde neu erfahren und läßt der Angst damit keinen Raum. Bleiben wir mit unserem bewußten Erleben einfach im gegenwärtigen Augenblick, verliert die Angst jeglichen Stützpunkt: sie kann nur aufhören, zu bestehen.

Wenn du also Angst verspürst, sei es aus konkretem Anlaß oder aus einem undefinierbaren Grund, komme bewußt in das Jetzt zurück, schaue dir an, wie dein Leben in diesem Moment aussieht. Schließe in einer Haltung des Einverstandenseins alles ein, was hierbei in dein Bewußtsein tritt. Nimm auch deine Angst und andere Gefühle mit in diese Haltung hinein und erlebe sie so, wie sie sich in jedem Augenblick neu für dich zeigt. Bleibe dabei weiterhin bewußt im Jetzt.

Angst löst besonders starke körperliche Reaktionen aus. Fällt es dir schwer, dich von den Vorstellungen, die deine Angst begleiten zu lösen, ist es eine Hilfe, deine Aufmerksamkeit auf die körperlichen Reaktionen zu richten. Erlebst du diese Reaktionen nun, ohne zu werten, wird der *Inhalt* der Angst dein Bewußtsein immer weniger vereinnahmen. Du erlebst, daß es allein *deine* Reaktion ist, *deine* Vorstellung und Bewertung einer Situation, die das Gefühl der Angst hervorgerufen hat. Da nun der Angelpunkt für deine Angst allein aus einer Möglichkeit besteht, verflüchtigt sie sich, sobald du zur Realität des Augenblicks zurückkehrst, sei es auch nur zu deinem klopfenden Herzen, deinen zitternden Händen oder deinen schlotternden Knien. Auch diese Begleiter der Angst lösen sich, verlassen von der Vorstellung projizierter Schrecken, sehr schnell auf.

Ist die Angst mit Erlebnissen aus der Vergangenheit verbunden, beziehe auch deine Reaktionen auf diese Erlebnisse, soweit sie in dein Bewußtsein treten, in dein Einverstandensein mit ein. Doch denke daran, daß es nicht darum geht, die Vergangenheit aufzuarbeiten. Die Angst ist im gleichen Augenblick vorbei, in dem du ganz im Hier und Jetzt lebst, bereit, dich für die Wirklichkeit der Gegenwart zu öffnen, für jede neue Erfahrung, für jede Variation im Spiel des Lebens.

Sobald du mit deinem ganzen Sein die Unsicherheit zuläßt, erfährst du eine vollkommene innere Sicherheit. Indem du dich dazu entschließt, auch die unbekannten, unvorhersehbaren Bereiche zuzulassen und als eine neue, bereichernde Erfahrung willkommen zu heißen, hebst du jegliche Enge auf und die Angst hat keine Nahrung mehr.

Betrachten wir als nächstes unser Bedürfnis nach Selbstbestimmung und freiem Selbstausdruck mit seinen Schattenaspekten der Wut und Aggression. Zwischen den beiden letztgenannten Emotionen wird selten klar unterschieden, da sie sich ähnlich äußern und oft gemeinsam auftreten. Dennoch gibt es bezüglich Motivation und Ausdruck feine Unterschiede, und so wollen wir sie getrennt untersuchen.

Wir reagieren mit Wut, wenn Energien, Gefühle und Wünsche, die für uns wichtig und bedeutsam sind, über eine gewisse Zeit hinweg blockiert wurden, sich anstauten und nun die Blockade durchbrechen wollen. Die Wut ist der ohnmächtige Versuch, die Behinderung zu beseitigen, die sich dem freien Selbstausdruck dieser Wesensanteile entgegenstellt. Diese Behinderung kann aus einer Fremdbestimmung durch andere oder aus eigenen Blockaden resultieren, wobei auch die Fremdbestimmung in der Regel die äußere Manifestation einer inneren Blockade darstellt.

So können dich beispielsweise Schuldgefühle daran hindern, "nein" zu sagen und dich stattdessen dazu verleiten, immer wieder zu tun, was *du* eigentlich gar nicht willst. Möglicherweise hast du auch noch einen Menschen angezogen, der dich in dieser inneren Struktur bestätigt, indem er dir immer wieder die Schuld für seine Unzufriedenheit in die Schuhe schiebt und eine ständige Wiedergutmachung von dir erwartet.

Hinter der Wut steht letztendlich die durch einen inneren Konflikt bedingte Unfähigkeit, uns dem Fluß unserer ureigensten Gefühle und Energien anzuvertrauen und sie offen zu leben. Die Wut will endlich die Blockade beseitigen, will plattwalzen und vernichten, was sich diesem Fluß in den Weg stellt.

Läßt du die Wut in dir geschehen, so mag dich ihre Kraft und Amoralität zunächst erschrecken. Da sie das Hindernis aus dem Weg räumen will, das sich deinen

Wünschen und Bedürfnissen entgegenstellt, richtet sie sich in aller Regel gegen die Person oder Situation, auf die du die innere Blockade deiner Energien projizierst. Das Resultat, in der Regel eine "moralisch verachtenswerte" Handlung, Vorstellung oder verbale Äußerung, stellt sich für den Betroffenen jedoch im aktuellen Moment immer als die Wahl des kleineren Übels dar, mit dem er versucht, ganz und gar Unerträgliches abzuwenden.

Wut ist jene Emotion, die am häufigsten unterdrückt wird, da ihr ein zerstörerisches Potential anhaftet. Diese Unterdrückung bindet unsere Energien noch stärker als die Verdrängung anderer Emotionen, da der dazu benötigte Energieaufwand besonders groß ist. So gibt es Menschen, die zwar in einer permanenten inneren Anspannung leben, gleichzeitig aber unter Energiemangel oder zumindest unter starken Unlustgefühlen leiden, da die ständige Unterdrückung ihre Energien aufzehrt.

Die Wut zuzulassen erfordert von vielen Menschen besonderen Mut, da sie sich mit ihren inhaltlichen Ausdrucksformen nicht identifizieren wollen. Nicht selten sind es gerade jene Menschen, die aus einem besonderen Bedürfnis nach Frieden und Harmonie viele ihrer authentischen Wünsche und Energien zurückgewiesen haben, in deren Schatten Ärger und Wut heranwachsen. Wenn wir es jedoch schaffen, die Wut ohne moralische Werturteile in uns geschehen zu lassen, kann sie uns tatsächlich dabei helfen, die Blockaden zu bereinigen, die unserem freien Selbstausdruck den Weg versperren. Das Zulassen der Wut bedeutet natürlich nicht, daß du nun hingehst und deinem Widersacher eine Ohrfeige gibst oder deine Frau endgültig "zur Minna machst". Das kann zwar ein momentanes, subjektives Gefühl der Befreiung herbeiführen, aber das zugrundeliegende Problem ist damit noch nicht gelöst, die Blockade in dir noch nicht beseitigt. Läßt du die Wut in dir zu, kann dir das im Gegenteil dabei helfen, sie nicht nach außen zu tragen. Ein momentaner Ausbruch wird durch dein Einverstandensein viel schneller verrauchen. Darüberhinaus wird dir das Einverstandensein helfen, die verwunschenen Energien der Wut zu ihrem ursprünglichen Ausdruck zurückzuverwandeln.

Viele Menschen, die um die Kraft der Gedanken wissen, befürchten, daß das bewußte, innere Zulassen ihrer Wut zerstörerische Schwingungen aussenden wird, die vielleicht einem anderen Menschen Schaden zufügen könnten. Dazu gibt es dreierlei zu sagen. Zum einen kann eine ständig unterdrückte Wut viel tieferen Schaden anrichten, als jedes innere Aufbrodeln, das von deinem Einverstandensein getragen wird. Zum zweiten zieht auch der andere Mensch, auf den sich deine Wut vielleicht richtet, immer nur jene Schwingungen herbei, die seiner inneren Struktur – in diesem Fall seinem Schatten – wie auch seinen Lernaufgaben entsprechen. Wächst durch seine Weigerung zu lernen sein Leid, bist du nicht dafür verantwortlich zu machen. Besitzt der andere hingegen keine innere Entsprechung, so werden deine wuterfüllten Gedanken und Gefühle keinerlei Reaktion in ihm hervorrufen. Ist er sehr feinfühlig, so wird er eventuell etwas von deinen Schwingungen spüren, doch gleiten sie von ihm ab wie etwa ein Fernsehfilm, zu dem er keine innere Beziehung besitzt. Und zu guterletzt solltest du dir bewußt machen, daß du zerstören willst, was dir Leid zufügt, was deiner Freiheit, deiner Wuscherfüllung oder dem Ausdruck einer authentischen Eigenschaft im Wege steht, und daß diese Blockade immer eine Struktur in dir selbst ist.

Zerstörung an sich muß nicht unbedingt negativ sein.

So kennt beispielsweise die indische Mythologie neben Brahma, dem Schöpfer und Vishnu, dem Erhalter auch Shiva, den Gott der Zerstörung. Doch was er zerstört, ist die Unwissenheit, die Illusion der Getrenntheit, und so dient er auf seine Weise der Verwirklichung der Einheit. In der Astrologie finden wir ein ähnliches Prinzip im Planeten Pluto symbolisiert, der unter anderem für die Zerstörung überalterter Strukturen steht, um damit Platz zu schaffen für neues Leben.

Wenn du unter diesem Blickwinkel deine Wut betrachtest und sie wertfrei geschehen läßt, wirst du bald erkennen, daß ihre enorme Kraft im Grunde genommen überholte Strukturen in dir aufbrechen und zerstören will, dich zu größerer Selbstbestimmung, Ehrlichkeit und Authentizität führen will. Anstatt die Wut weiterhin auf die Projektion dieser Strukturen im Außen zu richten, kannst du ihre Energie benutzen, um die innere Blockade zu durchbrechen, endlich auf eigenen Füßen zu stehen, ganz du selbst zu sein und deine Ansprüche auch im Außen durchzusetzen. Doch solltest du mit diesen Informationen nicht beginnen, den Ausdruck deiner Wut zu manipulieren oder willentlich versuchen, sie in etwas anderes zu verwandeln. Erlaube ihr einfach, dich zu leiten, dich durch jene inneren Erfahrungen hindurchzuführen, die zu deiner Befreiung unumgänglich sind. Erlaubst du neben deiner Wut auch dem zugrundeliegenden Wunsch nach freiem Selbstausdruck zu existieren, so stärkst du damit die authentische Ausdrucksform der verwunschenen Energien und unterstützt die Erlösung der Wut. Sobald du deine ureigensten Bedürfnisse vollkommen anerkennst, wird die Wut überflüssig, da sich damit auch die selbstgesetzte Blockade auflöst. Die Energie, die sich zuvor als Wut äußerte, steht dir nun direkt zur Verfügung.

Kommen wir als nächstes zur Aggression. Wie auch die Wut ist die Aggression ein "Schattenkampf", doch geht es ihr weniger um das Vernichten als um das Bekämpfen und Kontrollieren. Der Kampf, den die Aggression führt, ist der Versuch, durch Angriff und Kontrolle äußerer Ereignisse deine nach außen projizierten Schattenbilder und verleugneten Ängste in den Griff zu bekommen oder zumindest die damit einhergehende Spannung abzureagieren. So kann sich zum Beispiel ein verleugnetes und damit angstbesetztes Gefühl seelischer Verunreinigung in einem ständigen Kampf um Reinheit und Sauberkeit äußern, dem sich die ganze Familie unterzuordnen hat. Der aggressive Mensch sagt: "Ich will, daß die Dinge und Umstände genau so sind, wie ich mir das vorstelle und daß meine Mitmenschen sich nach meinen Anweisungen richten. "Klappen die Dinge nicht so, wie er will, reagiert er innerlich oder äußerlich mit Aggression.

Dazu ein Beispiel: Du identifizierst dich mit dem Image eines erfolgreichen Menschen, bei dem alles wie am Schnürchen läuft. Dieses Image entstand beispielsweise aus dem Wunsch, deinem Vater zu imponieren oder ein Gefühl der Minderwertigkeit zu kompensieren. Gleichzeitig hast du die leichte, spielerische Seite des Lebens in den Schatten gedrängt. Würdest du ihr nachgeben, müßtest du dich der Angst stellen, als Versager zu gelten, als jemand, der es zu nichts gebracht hat.

Nun wirst du dauernd mit unvorhergesehenen Ereignissen konfrontiert: Dein Mitarbeiter wird krank, seine Vertretung ist ein "fauler Sack", statt zu arbeiten trinkt er lieber Kaffee und flirtet mit der Sekretärin. Dann fängt auch noch der Computer an zu spinnen und folgt nicht mehr deinen Kommandos. Der Fachmann, den du zu Rate ziehen willst, feiert gerade seinen Geburtstag. Er ist bereits beschwipst und weigert sich zu kommen. Statt dich darauf zu besinnen, was diese Zeichen dir sagen wollen, reagierst du mit Ärger und Aggression.

Auch aus diesem Dilemma führt der Weg über des Einverstandensein, das jedoch wieder alles mit einschließen sollte: Indem du den Ärger als *deine* Reaktion erlebst und zuläßt, nimmst du die Projektion zurück und kannst erkennen, welche Angst sich hinter deiner Aggression versteckt. Im Zulassen dieser Angst nimmst du den Widerstand gegen den angstbesetzten Wesensanteil zurück und findest zu dem, was unabhängig von den Erwartungen deines Vaters oder deinem aus der Kompensation deiner Minderwertigkeitsgefühle gebastelten Selbstbild, als dein ureigenster Ausdruck in dir gelebt werden will. Du gewinnst die freie Selbstbestimmung über dein Leben zurück. Vielleicht merkst du erst jetzt, daß dir deine Arbeit eigentlich einen enormen Spaß macht und daß du gar nichts anderes tun willst. Möglicherweise wird dir aber auch bewußt, daß du bisher nur für andere gelebt hast und schaust dich langsam nach einer anderen Aufgabe um, die deinem eigentlichen Wesen mehr entspricht.

Auf jeden Fall kannst du nun erkennen, daß es gerade das Unvorhersehbare ist, das das Leben in ein spannendes Spiel verwandelt, das niemals langweilig wird. Statt Kontrolle auszuüben und dich abzusichern, kannst du ebensogut mit dem Leben fließen und dich für die immer neuen Wunder öffnen, die du jeden Augenblick an seinen vorüberziehenden Ufern erblickst.

Bevor wir zum letzten großen Komplex der Liebe weitergehen, noch ein Wort zur Depression, jener "Jahrhundertkrankheit", die Jugendliche ebenso befällt wie Hausfrauen und Mütter, Arbeitslose ebenso wie dynamische Führungskräfte.

In der Depression verweigert sich der Betroffene dem

Leben in der krassesten Form. Nirgendwo ist die Negation vollständiger als in der Depression. Der Depressive entzieht sich dem äußeren Leben ebenso wie den inneren Kräften und Energien, die in ihm gelebt werden wollen. Was bleibt ist Leere und Sinnlosigkeit.

Wir aber kommt es zu dieser vollständigen Verweigerung? Die häufigste Ursache liegt wohl in einer inneren Blockade, die so übermächtig geworden ist, daß sie die Fähigkeit zum freien Selbstausdruck und zur Selbstbestimmung ganz und gar unterbindet. Der daraus resultierende Konflikt scheint so ausweglos, die Möglichkeit, ein glückliches Leben zu führen so unwahrscheinlich, daß du mit vollständigem Rückzug reagierst, ähnlich einem Kind, daß durch einen Rückzug in den inneren Schmollwinkel die Lösung eines Konfliktes bewußt oder unbewußt zu ertrotzen versucht. Dahinter steht die Unfähigkeit bzw. Weigerung, den Konflikt anzuschauen und die inneren Strukturen zu lösen, die die Blockade verursacht haben.

Bei der exogenen Depression finden wir als Auslöser einen Konflikt mit der Außenwelt, beispielsweise mit dem Partner, oder auch einen Verlust wie den eines geliebten Menschen oder einer Arbeitsstelle. Auch hier liegt die Ursache in einer tiefen, inneren Blockade, die deine Fähigkeit unterbindet, aus dir selbst heraus zu leben und glücklich zu sein. So hast du dein Glück vollständig von der Zuneigung und Anerkennung durch andere bzw. von äußerem Erfolg oder Mißerfolg im Leben abhängig gemacht. Das Leben ist noch einigermaßen erträglich, solange sich die Außenwelt deinen Bedürfnissen und Vorstellungen anpaßt. Tut sie es nicht mehr, wirst du auf dich selbst zurückgeworfen und spürst nun deinen inneren Konflikt in aller Deutlichkeit, doch anstatt ihn als Hinweis auf eine innere Starrheit und Enge zu erkennen, projizierst du dein Unglück vollständig auf die Umwelt. Da sie dir nicht gibt, wessen du bedarfst, verweigerst du dich dem Leben nun ganz. Diese Verweigerung mündet in der Depression. So ist sie häufig außer Mittel zur Flucht vor der Auseinandersetzung mit dem inneren und äußeren Konflikt ein unbewußtes Machtmittel, eine Art Erpressung, mit der der Betroffene die Umwelt zwingen will, sich seinen Wünschen anzupassen und seine Bedürfnisse zu erfüllen, da sein Leid sonst ganz und gar unerträglich wird. In der Depression wollen wir den anderen in das eigene Gefängnis mit hineinziehen, damit es dort erträglicher wird und wir die Mauern weniger deutlich spüren.

Der Depressive ist allerdings weit davon entfernt, sich diese Komponenten seiner Depression einzugestehen. Selbstverständlich will er aus seiner Depression wieder heraus, doch den Konflikt und das damit verbundene Leid zu konfrontieren, das ihn beim Zurücknehmen seiner Verweigerung so offensichtlich erwartet, erscheint ihm noch schlimmer als die innere Leere, in die er sich geflüchtet hat.

Der einzig wirkliche Ausweg aus der Depression besteht jedoch gerade in der Zurücknahme jeglicher Verweigerung und jeglicher Negation und damit wieder im Einverstandensein. Falls du unter Depressionen leidest, möchten wir dir empfehlen, dieses ganze Buch sorgfältig zu lesen und wenn du bereit bist, deine Verweigerung aufzugeben, mit der erwähnten Ton-Kassette zu arbeiten. Leidest du schon sehr lange unter einer tiefen Depression, solltest du möglichst mit einem Therapeuten zusammenarbeiten, der über eigene Erfahrungen mit der Methode des Einverstandenseins verfügt.

Wir möchten es bei diesen wenigen Hinweisen zur Depression belassen. Auf weitere Erscheinungsformen der Depression einzugehen, würde unsere Kompetenz übersteigen und den Rahmen dieses Buches sprengen. Doch hoffen wir, einige Anregungen zum Verständnis und Umgang mit der Depression gegeben zu haben.

Gehen wir nun weiter zum Thema Liebe und ihren "verzauberten" Erscheinungsformen. Das Bedürfnis nach Liebe ist letztendlich gleichbedeutend mit dem Bedürfnis nach Glück. Es gibt wohl nichts, das uns eine tiefere Erfüllung, eine größere Präsenz, ein intensiveres Gefühl der Lebendigkeit schenkt als die Augenblicke bedingungsloser Liebe. Auf der anderen Seite ist die Angst vor der Abwesenheit von Liebe, also der Einsamkeit, für viele Menschen eine der tiefsten Ängste.

Zwar entscheiden sich heute immer mehr Menschen für ein Leben als "Single", doch steht dahinter häufig eine Flucht vor Enttäuschungen bzw. der Versuch, größerem Leid auszuweichen, indem wir uns gar nicht erst tiefer auf einen anderen Menschen einlassen. Natürlich gibt es auch ein selbstgewähltes Alleinsein, hinter dem der Wunsch nach Selbsterkenntnis oder der Vereinigung mit dem Leben und Gott steht. Ein solches Alleinsein kann tatsächlich zum All-ein(s)-sein führen, doch geht auch hierbei der Weg über die Öffnung des Herzens.

Die Angst vor Einsamkeit entsteht im gleichen Augenblick, wo wir uns im Zuge der Ich-bildung der Einheit verweigern und aufhören, aus uns selbst heraus zu lieben. Ihre vollständige und dauerhafte Heilung können wir somit erst dann vollziehen, wenn wir unserer Sehnsucht nach Liebe erlauben, jegliche Trennung aufzuheben, jeglichen Widerstand aufzugeben und uns zum inneren Einssein zurückzuführen. Der Weg dorthin ist weder lang noch beschwerlich, denn das Ziel liegt in jedem gegenwärtigen Augenblick, den du mit deinem ganzen Wesen bejahst.

Wir haben bereits gesagt, daß Liebe immer eine Gefahr für das Ich ist, das sich Grenzen baut, um seinen Status zu sichern. Bedingungslose Liebe ist keine Eigenschaft des Ich, sie ist ein Wesenszug des Selbst, ist seine eigentliche Natur und wann immer wir lieben, schimmert etwas von dem Glanz des Selbst durch die Ritzen der Ich-Strukturen hindurch. Das Ich kann nicht wirklich lieben, es kann nur fordern: Ich bin allein, liebe mich. Ich habe Angst, beruhige mich. Ich fühle mich leer, gib mir, was ich brauche.

So ist der Begriff der Liebe im üblichen Sinn außerordentlich doppeldeutig, ganz besonders aber da, wo es um die sogenannte körperliche Liebe, die Sexualität geht. Lieben heißt vor allem: Ich will geliebt werden, ich *brauche* dich, um mich heiler und vollständiger zu fühlen, um mein Verlangen nach Nähe und sexueller Befriedigung zu stillen. Diese Art der "Liebe" ist immer mit der Angst verbunden, daß unsere Bedürfnisse zurückgewiesen oder nicht erfüllt werden. Sie wird zu Ablehnung, wenn der andere nicht oder nicht mehr ist, was mein Ich erwartet. Sie kann sich sogar in Haß verwandeln, wenn unser Ich sich verraten oder verhöhnt fühlt. Eine solche Liebe will sich ohne Gegenleistung nicht verschenken. Sie will den anderen ganz für sich haben und reagiert mit Eifersucht, wenn diese Forderung nicht erfüllt wird.

Doch auch hinter dem Verlangen, Liebe zu bekommen, steht letztendlich der Wunsch, Liebe zu fühlen und zu leben. Die Sehnsucht nach Liebe setzt ja voraus, daß du Liebe kennst, daß du sie in dir erlebt hast, auch wenn sie vielleicht bisher nur durch äußere Einflüsse geweckt wurde. Auch hinter dem Verlangen nach körperlicher Vereinigung steht nicht allein das Bedürfnis nach Befriedigung einer Lust. Der sexuelle Akt kann uns auf seinem Höhepunkt für Momente über unsere Begrenzungen hinaustragen, uns eine Ahnung vermitteln, was es heißt, mit einem größeren Ganzen zu verschmelzen. Doch nur wenn sich die Energien beider Partner während der Vereinigung "nach oben" richten, wenn sie als Symbol für das Spiel und die Verschmelzung der universalen männlichen und weiblichen Kraft in der Schöpfung erlebt wird und sich darin einschwingt, kann uns diese Vereinigung der inneren Einheit näherbringen, die die weiblichen und männlichen Energien in sich schließt.

"Um seine männliche Schöpferkraft wissen
und doch seine weibliche Empfänglichkeit bewahren
heißt zum Strombett des Lebens zu werden."
(Lao-Tse)

Was es heißt, bedingungslos zu lieben, können wir am Beispiel einer Mutter unmittelbar nach der Geburt ihres Kindes erkennen. Sie erwartet nichts von diesem so verletzlichen, abhängigen kleinen Wesen, fordert nichts, akzeptiert alles, versteht alles, bietet sich selbst ganz und bedingungslos an. Sie hat gegenüber dem Neugeborenen kein Ich. Sie liebt mit jener Liebe, die gibt, ohne etwas dafür zu erwarten. Wenn sich ihr Ich auch früher oder später wieder meldet, so hat diese Mutter doch jene wunderbar erfüllende Liebe erlebt, die nichts anderes will, als sich zu verschenken.

Dies ist nicht zuletzt der Grund, warum Mutterschaft beispielsweise in Indien als heilig verehrt wird. Doch ist dort jeder Liebende verehrungswürdig, denn in jeder Sehnsucht nach Vereinigung mit einem anderen Menschen schimmert die Sehnsucht nach der Einheit mit dem göttlichen Sein hindurch. Jedes Gefühl der Trauer über eine nicht erfüllte Liebe ist auch die Trauer um das verlorene Paradies der Einheit. Jede Empfindung der

Liebe weckt die Erinnerung an unser eigentliches Sein und bringt uns seiner Verwirklichung ein Stück näher.

Solange wir jedoch unsere Liebe an einen bestimmten Menschen binden und meinen, allein durch ihn Liebe erleben zu können, machen wir uns abhängig von seiner Zuneigung und seinem Wohlwollen. Statt im Mittelpunkt unseres eigenen Universums zu bleiben, kreisen wir nun um ein anderes Universum, bleiben damit immer am Rand und finden nicht zu dem Zentrum der Liebe in uns selbst. Wir dürfen dem anderen dankbar sein, daß er Liebe in unserem Herzen geweckt hat, daß er die Tür zu jener Schatzkammer geöffnet hat, die wir aus vielerlei Ängsten oder einfach aus Gewohnheit oder Trägheit verschlossen hielten. Doch die Schätze, die wir nun in unserem Herzen finden, hat nicht der andere dort hineingetan, sie sind unser eigener Reichtum an Liebe.

Was bedeutet dies nun praktisch für uns, wenn wir beispielsweise einen Menschen lieben, aber gleichzeitig von Eifersucht oder der Angst vor Zurückweisung geplagt werden? Es bedeutet, nicht auf das zu schauen, was du von deinem Partner bekommst oder nicht bekommst, was er tut oder nicht tut, sagt oder nicht sagt. Schaue allein auf die Liebe, die in dir lebt, genieße sie, erfreue dich an ihr. Auf diese Weise wirst du unabhängig von dem Wohlwollen deines Partners und kannst deine Liebe einfach in die Welt hinausstrahlen und dein Partner darf auch eine Extraportion davon abbekommen.

Wenn du allein bist und dich nach Liebe sehnst, so weise diese Sehnsucht nicht aus Angst vor Nichterfüllung zurück, erlebe auch sie und erkenne in ihr das Potential an Liebe, das in dir wohnt. Erlaube diesem Reichtum an Liebe in dir zu leben. Sobald du eine solche Liebesschwingung in dir trägst, ziehst du auch im Außen an, was ihr entspricht.

Während du die Meditation des Einverstandenseins ausübst, ist es also ganz wichtig, daß du auch die Liebe in dir zuläßt und sie nicht aus Angst vor Zurückweisung oder ähnlichem unterdrückst. Beginne bei jener Ausdrucksform der Liebe, die sich gerade für dich zeigt und weise auch die "verzauberten" Formen der Eifersucht, des Hasses oder der Trauer nicht zurück. Auf diese Weise kann dich dein innerstes Selbst durch den Schmerz der Trennung und Nichterfüllung hindurch zu dem ursprüng-

Shiva und Shakti als Symbol für die Vereinigung der männlichen und weiblichen Kraft in der Schöpfung

lichen Wunsch nach Liebe zurückführen und dir den Weg zeigen, deine Liebe ohne Forderungen, Erwartungen und Ängste zu leben. Sehnst du dich nach der sexuellen Vereinigung mit einem anderen Menschen, so erkenne auch darin die Sehnsucht nach Verschmelzung, nach Überschreiten deiner Begrenzung und nach dem Erleben jenes Glücks, das in der Vereinigung mit dem Leben selbst und mit Gott liegt. Lasse auch diese Sehnsucht auf jener Ebene zu, die gerade in dir lebt und beachte das Kapitel über die Wunscherfüllung.

Wenn wir gelernt haben, uns selbst auf diese Weise anzunehmen und zu verstehen, können wir auch den anderen annehmen und ihn in seiner Sehnsucht nach Liebe mit all ihren irrigen Ausdrucksformen verstehen. Sich so annehmen heißt die Brücke zu ihm schlagen und die Trennung aufheben.

Indem wir erkennen, daß unsere Liebe zu einem anderen wie auch unser sexuelles Verlangen das Tor zu einer umfassenderen Liebe und Vereinigung ist, die alles einschließt, werden wir innerlich frei von den Erwartungen, die unser Ich uns als Fallstrick in den Weg legt. Nun können wir unsere Liebe in jedem Augenblick genießen und verschenken, ohne von dem Gedanken an zukünftiges Leid, an Einsamkeit oder Zurückweisung behindert zu werden. Wir können unseren Widerstand aufgeben und uns mit unserem ganzen Sein dem Leben hingeben.

Unsere Liebe wird jedem Moment des Daseins Glanz und Bedeutung verleihen, ähnlich wie jede Geste, jeder Blick eines geliebten Menschen für den Liebenden voller Bedeutung ist. Und so wie wir einen geliebten Menschen ganz kennenlernen, alle Facetten seines Wesens verstehen möchten, so öffnen wir uns nun für das Leben, um die Schöpfung in all ihrem verschwenderischen Reichtum zu erfassen. Unsere Wahrnehmung öffnet sich für zunehmend tiefere Ebenen des Seins, und im Erkennen immer neuer Wunder wächst die Liebe zu jener Kraft, die all dies ins Leben rief. Unsere Hingabe an das Leben wird zur Hingabe an Gott, bis wir im Aufgeben der letzten Begrenzungen unser inneres Einssein mit ihm erfahren.

"In der Liebe zu Gott findet der Geliebte des Lebens
Ausdruck für das Unaussprechliche.
Das kosmische Leben gewinnt Ausdruck in seinem
Handeln.
Die Gedanken kosmischen Lebens manifestieren sich in
seinem Denken.
Seine Augen erblicken den Zweck der Schöpfung.
Seine Ohren hören die Musik des kosmischen Lebens.
Seine Hände wirken in kosmischen Absichten.
Seine Füße setzen das kosmische Leben in Bewegung.
Er wandelt auf Erden
und wandelt doch in der Bestimmung des Himmels.
Engel erfreuen sich an seinem Dasein auf Erden.
Solches ist die Herrlichkeit der Einheit,
geboren aus Liebe."

Maharishi Mahesh Yogi

Heilung des Denkens

Wenn wir von einer Heilung des Denkens sprechen, so meinen wir eine Änderung unserer Denkgewohnheiten in einer Weise, daß unsere Gedanken eine größere Ganzheitlichkeit widerspiegeln und im Einklang mit den natürlichen Gesetzen der Schöpfung und den Kräften der Evolution stehen.

Als Kind lernen wir, daß alle Dinge einen Namen haben, daß auch Handlungen und Geschehnisse benannt werden. Allen Erscheinungen und Erfahrungen sind Begriffe zugeordnet, mit deren Hilfe wir uns austauschen und verständigen können.

Damit ein Begriff be-greifbar wird, muß er sich mit eigenen Erlebnissen verbinden. Das bedeutet, daß sein Inhalt letztendlich ein ganz persönlicher ist, wenn er auch Ähnlichkeiten zu den Inhalten aufweist, die andere Menschen damit verbinden. Unser Denken ist mit diesen Begriffen gekoppelt. Dies bedeutet, daß unsere übliche Art zu denken an der Wirklichkeit der Dinge vorbeigeht, sie in ihrem So-sein nicht erkennen und nicht begreifen kann. Was wir begreifen, ist ein Konzept der Wirklichkeit, gespeist aus Rückständen vergangener Erfahrungen, aus subjektiven Erkenntnissen oder intellektuellen Schlußfolgerungen, die jedoch wiederum auf unserer begrenzten Wahrnehmung der Wirklichkeit beruhen.

Das Begreifen ist jedoch nur *eine* Funktion des Denkens. Wir können es als *passives* Denken bezeichnen. Es entspricht der Fähigkeit, Bedeutungen, Beziehungen, Zusammenhänge wie auch den Sinn eines Ereignisses zu *erfassen* und zu *erkennen*, und unwillkürlich Urteile zu bilden, die aus unbewußten Strukturen gespeist werden. Das passive Denken führt zu spontanen, unmittelbaren Reaktionen.

Das *aktive* Denken beinhaltet die Fähigkeit, Beziehungen und Zusammenhänge *herzustellen*, um beispielsweise Aufgaben zu lösen. Es führt zu einem gewollten Urteilsakt und ist Grundlage bewußter Willenshandlungen.

Beide Arten des Denkens beruhen auf unserer Wahrnehmung der Wirklichkeit, und die ist in der Regel begrenzt durch die emotionalen und geistigen Strukturen, die sich unser Ich im Laufe seiner Entwicklung angeeignet hat. Was wir durch das Raster unseres Ich wahrnehmen, ist niemals die Welt, wie sie aus sich heraus ist, sondern einzig *unsere* Welt. Es ist *unsere* Wahrnehmung der Dinge, die in jeden unserer Gedanken mit einfließt. Solange wir uns von den eingefahrenen Denkschemata nicht lösen, interpretieren wir nicht nur die Wirklichkeit gemäß unseren bewußten und unbewußten Vorstellungen, wir setzen auch immer wieder die gleichen Aktionen in Bewegung, erzeugen, bestätigen und verfestigen damit immer wieder das gleiche, begrenzte Bild der Wirklichkeit. So besitzen unsere Gedanken die Fähigkeit, eine eigene Wirklichkeit zu schaffen und aufrechtzuerhalten und diese Wirklichkeit spiegelt sich in unseren Handlungen ebenso wieder wie in unseren Gefühlen und der stofflichen Struktur unseres Körpers.

Das Ich ist unfähig zu einer neutralen Sicht der Dinge.

Es erfährt das Leben durch den Filter der Wünsche und Ängste, die sich mit dem Wahrgenommenen verbinden, durch die färbende Brille unserer glücklichen und unglücklichen Erinnerungen, unserer Erwartungen und Urteile. Sobald wir sagen: dies mag ich, das mag ich nicht; das ist gut, jenes ist schlecht; dies ist notwendig, das hingegen überflüssig, urteilen wir. Durch jedes Urteilen teilen wir die Wirklichkeit in Kategorien ein, schließen somit aus und beschränken uns auf die Grenzen unserer Maßstäbe und vorgefaßten Meinungen.

Der Versuch, die Wirklichkeit in das Korsett unserer Konzepte zu zwängen, bedeutet nichts anderes, als daß wir vom gegenwärtigen Augenblick erwarten, daß er vorher festgesetzten Normen entspricht. Diese absurde Erwartung bringt uns um die Erfahrung der einzigartigen Wirklichkeit des Jetzt. Wir verweigern uns damit dem Wirklichen, und das Hauptwerkzeug dieser Verweigerung ist der Vergleich: dies ist besser, das ist nicht so gut; dies ist zu groß, jenes zu klein; gestern war es schöner als heute; ich habe weniger erhalten, als ich gegeben habe.

Dabei übersehen wir, daß jede Erscheinung einzigartig und unvergleichlich ist und daß es keine zwei identischen Augenblicke gibt. So wird jeder Moment zu einem verpaßten Rendevous mit dem Wunder des Lebens.

Durch die Übung des Einverstandenseins öffnet sich unser Geist für jene tiefe und umfassende Wirklichkeit, die jenseits unserer Konzepte und Meinungen liegt. Indem wir unsere Gedanken kommen und gehen lassen, ohne sie von unserer Seite aus weiterzuspinnen, sie zu beurteilen oder irgend etwas davon zu verdrängen, schließen wir nicht mehr von vornherein alle Möglichkeiten aus, die außerhalb unserer gewohnten Denkschemata liegen. Wir öffnen uns auch für jene Impulse, die wir normalerweise nicht zulassen. Auch können wir zunehmend die innere Verbundenheit aller Erscheinungen der Schöpfung erkennen oder zumindest erahnen. Kein Erscheinungsbild kann ja isoliert von einem Rahmen gegenseitiger Beziehungen betrachtet werden. Alles ist von einem Netzwerk wechselseitiger und voneinander abhängiger Ursachen durchzogen, die sich bis ins Unendliche fortsetzen. Das läuft auf die Feststellung hinaus, daß ein Ereignis nicht nur eine Ursache hat, sondern unendlich viele, daß also jeder gesonderte Ablauf auf eine spezielle und einzigartige Weise die Gesamtheit der Schöpfung ausdrückt und in einer umfassenden Wirklichkeit in sich schließt.

Wenn du das Einverstandensein über längere Zeit hinweg praktizierst, wirst du allmählich merken, daß hinter der regen Gedankentätigkeit deines Geistes ein Bereich der Stille existiert, der immer mehr zur Grundlage deines Denkens wird. In diese offene und bereite Stille hinein kann dein innerstes Selbst seine Impulse schicken. Dein individueller Geist öffnet sich immer mehr für jene Intuition und Inspiration, durch die sich der universale, schöpferische Geist offenbart.

Aus dem Wirken dieser schöpferischen Intelligenz entstand die ursprüngliche Wirk-lichkeit des Seins. Es ist der Geistaspekt des Schöpfers, jene grundlegende geistige Kraft, aus der die Schöpfung entsprang und in jedem Moment neu entspringt. In ihr ist das Wissen um den gesamten Kosmos mit allen Erscheinungsformen in Raum und Zeit enthalten, von den feinsten, geistigen Impulsen bis hin zur Manifestation im Stofflichen. In deinem passiven Denken beginnt sich nun zunehmend diese aus sich selbst heraus wirkende Wirk-lichkeit zu spiegeln. Deine Erkenntnis der Wahrheit beruht immer mehr auf einer direkten, unverfälschten Wahrnehmung des Seins. Du erlebst diese Entwicklung deines Geistes als ein zunehmendes inneres Gewahrsein, das nicht mehr interpretiert sondern direkt erkennt, ähnlich der Intuition, die uns mit ihrem Wahrheitsgehalt oft in Erstaunen versetzt. Dieses Gewahrsein schließt die Geschehnisse um uns her ebenso wie unsere Reaktionen darauf ein.

Dein *aktives* Denken reflektiert zunehmend jene kosmische, geistige Kraft, die an der Grundlage allen Daseins und damit auch an der Basis deines Lebens wirkt. Die Entscheidungen, die deinen Handlungen vorausgehen, spiegeln die Absichten deines innersten Selbst und kommen in Einklang mit Sinn und Zweck deines individuellen wie auch des universellen Lebens. Durch die zunehmende Verbindung mit dem kosmischen Geist gewinnt dein Denken an Kraft und du wirst erleben, daß sich deine Gedanken immer häufiger verwirklichen.

Im täglichen Leben beginnst du, spontan und ohne viel darüber nachzudenken alle Aspekte einer Sache mit einzubeziehen. Dadurch erreichst du einen größeren Wahrheitsgehalt und findest Lösungen für deine Probleme, die du vorher vielleicht völlig übersehen oder für unmöglich gehalten hättest, die sich aber nun für dich selbst wie für alle Beteiligten in einem umfassenden Sinn als lebens- und entwicklungsfördernd erweisen.

Die geistige Kraft, die sich über deine Gedanken ausdrückt, kann ordnend und damit heilend wirken, da sie die Ordnung und die Gesetze des Kosmos reflektiert. Sie kann helfen, dein Leben, deine Gefühle und deinen Körper wieder "in Ordnung" zu bringen.

Während dein *passives* Denken die geistigen Impulse und Erkenntnisse empfängt, wird dein *aktives* Denken nun zu einem Mittler, das diese Impulse weiterleitet und entweder direkt durch die ihnen innewohnende Kraft oder über den Weg der Kommunikation und des Handelns zu ihrer Verwirklichung beiträgt.

Dieser Vorgang hat jedoch wenig mit jener persönlichen Gedankenkraft zu tun, die beim sogenannten "positiven Denken" eingesetzt wird, um bestimmte Wirkungen herbeizuführen. Zunächst wählen wir das Ziel des positiven Denkens in der Regel vom Standpunkt der begrenzten Wahrnehmung unseres Ich aus. Ein solches Ziel muß nicht im Einklang mit den Absichten unseres innersten Selbst stehen, es kann ihnen sogar zuwiderlaufen oder eine innere Spaltung vergrößern.

Auch wenn wir ein hohes Ziel wählen, wie Erleuchtung oder allumfassende Liebe, verbinden wir damit immer noch *unsere Vorstellung* von diesem Ziel, die eine Vorstellung unseres Ich ist, welches die Wirklichkeit unterteilt und sich immer nur mit einer Hälfte identifiziert, die andere aber verdrängt. Indem wir versuchen, durch ständige Wiederholung bestimmter Gedanken den einen Pol zu stärken, gerät der andere immer mehr ins Abseits und wächst zu einem mächtigen Schatten heran. Dieser Schatten tritt dann meist in Form von äußeren Ereignissen, von Menschen und Umständen wieder in unser Leben, die dem positiven, erwünschten Pol so gar nicht entsprechen und sich seiner Verwirklichung auf penetrante Weise widersetzen. Erst wenn unser positives Denken alles und eben auch den Schatten mit einschließt, kann es zur Verwirklichung einer größeren Ganzheit beitragen. So war es ursprünglich wohl auch von seinen Begründern gedacht.

An den Schluß dieses Kapitels möchten wir ein sehr schönes Beispiel für die erweiterte Art der Wahrnehmung stellen, wie wir sie weiter vorne aufgezeigt haben. Es ist uns von Albert Einstein überliefert und er beschreibt darin wie er zu einigen grundlegenden Erkenntnissen kam: Er stand in einer Haltung der Ehrfurcht und des Staunens vor dem Wunder der Schöpfung, sein Geist wurde im Angesicht dieser Größe vollkommen still und offen, und in diese Offenheit hinein nahm er in einer direkten, inneren Schau jene Zusammenhänge wahr, die er im nachhinein in seine berühmt gewordenen und vielbeachteten Formeln verpackte.

Dies soll nicht bedeuten, daß wir alle zu einem Albert Einstein werden. Doch werden wir die innere Wahrheit zunehmend in jeden Lebensbereich hineintragen, dem wir uns zuwenden.

Erfüllung von Wünschen

Die Natur des menschlichen Lebens geht zu mehr und mehr: mehr Wissen, mehr Erfahrung, mehr Glück. Ähnlich wie in der Schöpfung die Einheit zur Vielfalt werden und das ihr innewohnende Schöpfungspotential verwirklichen möchte, so möchte auch der Mensch sein Potential an Kreativität und schöpferischer Gestaltungskraft im Leben ausdrücken und alle Ebenen des Daseins erschließen. In der Erfahrung der Vielfalt der Schöpfung trägt ihn der gleiche Impuls schließlich zur Einheit zurück. Diese Tendenz zu mehr und mehr wird von unseren Wünschen getragen.

Nun vertreten verschiedene religiöse Lehren die Meinung, daß wirkliches Glück erst durch Wunschlosigkeit erreicht werden kann. Erleben wir einen intensiven Glückszustand, so sprechen wir davon, "wunschlos glücklich" zu sein. Diese Art des Glücks entspricht jedoch einem Zustand der Erfüllung, ist also Ergebnis und nicht der Weg. Wollten wir auf unserer derzeitigen Ebene der Entwicklung all die Wünsche aufgeben, die natürlicherweise in uns leben, so würden wir sie höchstwahrscheinlich verneinen und verdrängen und damit unsere innere Spaltung vergrößern.

Falls du dich auf dem Weg einer spirituellen Entwicklung befindest, hast du vielleicht schon bemerkt, daß viele Dinge, die früher eine große Bedeutung für dich besaßen, ihre Faszination verloren haben und dir nun banal und unwichtig erscheinen. An ihre Stelle sind neue Wünsche getreten, die deine jetzige Entwicklung reflektieren. Wünsche ändern sich allein schon durch unser Älterwerden. Doch besitzen sie auf jeder Stufe unserer Entwicklung eine enorme Kraft. Sie können uns zu Leistungen motivieren, die wir ohne ihren Ansporn nie vollbringen könnten, oder uns Fesseln anlegen, durch die wir uns immer aufs Neue im Kreise drehen. Die Erfüllung eines tiefen Wunsches kann uns Momente größten Glücks bescheren, seine Nichterfüllung in Traurigkeit oder Verzweiflung stürzen.

Auch während der Meditation des Einverstandenseins werden dir immer wieder Wünsche begegnen. Manche ziehen vorüber, andere finden ihre Erfüllung allein durch das Einverstandensein, wieder andere treten immer aufs Neue in dein Bewußtsein. Da Wünsche eine so wichtige Kraft im Leben darstellen, haben wir ihnen ein eigenes Kapitel gewidmet. Es soll einige Anregungen zum Umgang mit Wünschen vermitteln, die dir auch während der Meditation des Einverstandenseins äußerst nützlich sein können. Darüberhinaus können diese Anregungen als Grundlage für eine spezielle Wunsch-Meditation dienen, die du für ca. fünf Minuten an deine Übung des Einverstandenseins anschließen kannst. Hierbei kannst du auf Wünsche, die dir sehr wichtig erscheinen, speziell eingehen.

Wann immer es um das Thema Wunscherfüllung geht, besteht jedoch besonders leicht die Gefahr, in eine Erwartungshaltung hineinzurutschen oder deine Erfahrungen gemäß deinen Vorstellungen zu manipulieren. Darum solltest du in jedem Fall der speziellen Wunsch-Meditation eine längere Übung des Einverstandenseins vorausschicken, in die du deine Wünsche zwar mit einschließt, aber nicht zum Angelpunkt deiner Aufmerksamkeit machst. Behalte die erwähnte Gefahr im Auge, während du die Wunsch-Meditation anwendest. Wenn sich dabei dennoch eine Erwartungshaltung einschleichen sollte, merkst du dies sofort an einer unangenehmen Spannung.

Betrachten wir zunächst einmal genauer, was es bedeutet, einen Wunsch zu haben und was seine Erfüllung oder Nicht-Erfüllung in uns bewirkt.

Ein Wunsch entsteht aus dem Bedürfnis, uns zufriedener, vollkommener oder glücklicher zu fühlen. Ihm geht also immer ein Mangel voraus. Eine Leere soll gefüllt werden, und sei es nur ein leerer Magen. Der Wunsch will herbeiführen oder sich aneignen, wovon wir meinen, daß es zu einer größeren Er-füllung beiträgt. Er entsteht aus einer Spannung, die mittels seiner Erfüllung nach Be-friedigung und Ent-spannung sucht.

Oft steht die äußere Erscheinungsform eines Wunsches für ein tieferes, verdrängtes Bedürfnis nach Liebe, Anerkennung, Selbstwertgefühl, Freiheit oder ähnlichem. Dieses Bedürfnis projizieren wir auf ein Objekt, einen Menschen oder ein Ereignis, und erwarten von ihm, daß es unser Gefühl der Leere oder des Mangels aufhebt. Wird ein solcher Wunsch auf der äußeren Ebene erfüllt, zieht er bald einen neuen nach sich, der in eine ähnliche Richtung zielt. Das Ziel des Wunsches ruft, sobald wir es verwirklicht haben, Sättigung und Gleichgültigkeit hervor. Wir freuen uns einige Zeit darüber, gewöhnen uns daran, langweilen uns. Es hat seinen bedeutungsvollen Zauber verloren. Die innere Erfüllung, die wir bei der Verwirklichung des Wunsches erlebt haben, befindet sich also nicht im Objekt oder Ereignis, sondern in uns. Für einen Augenblick hatte der äußere Gegenstand oder das

Geschehnis die Fähigkeit, einen Zustand der Erfüllung hervorzurufen. Dies bedeutet, daß wir eine dauerhafte Erfüllung letztendlich nur in uns selbst finden können.

Dennoch können uns unsere Wünsche auf dem Weg unserer Evolution geleiten. Auch wenn sich ein Wunsch auf einen äußeren Gegenstand oder Ereignis richtet, sei es aus simpler Freude daran oder als Symbol für ein tieferes Bedürfnis, kann seine Erfüllung unserer Entwicklung dienen. Sie kann uns jeweils bereit machen für den nächsten Schritt, indem sie uns von der Anhaftung an das äußere Objekt bzw. Ziel befreit.

Um dies zu erreichen, solltest du den Augenblick der Erfüllung aus vollem Herzen genießen. Dann bist du für jenen Augenblick, in dem sich die Spannung in der Verwirklichung des Wunsches löst, vollkommen im Jetzt. Es gibt nicht mehr dich, die Person, die wünscht und den Gegenstand deines Wunsches. Es gibt eine totale, vereinigende Erfahrung und du bist befriedigt. Deine Befriedigung ist tief und erlösend, der Wunsch ist gestillt und verschwindet. Wenn du dich dann für neue Wünsche öffnest, können sie das Verlangen nach einer dauerhafteren und tieferen Erfüllung repräsentieren.

Indem wir immer wieder erleben, daß die Befriedigung, die bei der Verwirklichung eines Wunsches eintritt, nur eine vorübergehende ist, suchen wir weiter und machen nicht Halt, bis wir den Weg zu einer vollkommenen Erfüllung gefunden haben, mag sich die Suche auch über mehrere Erdenleben hinziehen.

Solange wir uns auf dieser Suche befinden, werden immer neue Wünsche in uns erwachen. Einige werden erfüllbar sein, doch gibt es auch Wünsche, die uns ganz und gar unerfüllbar erscheinen. Sie können eine Quelle ständiger, schmerzlicher Frustration bedeuten. Im allgemeinen nehmen wir angesichts eines solchen Wunsches ein Fluchtverhalten ein oder quälen uns mit fruchtlosen Träumereien von dem unerreichbaren Ziel, wobei wir uns vollkommen in Ersatzbefriedigungen stürzen. Doch gibt es auch hieraus einen Ausweg. Anstatt dem äußeren Ziel des Wunsches hinterher zu laufen und somit unsere Zufriedenheit von einem Objekt oder Ereignis abhängig zu machen, sollten wir als Erstes den Wunsch selbst betrachten und ihm zusammen mit allen anderen Wünschen erlauben, in uns zu leben. Der erste Schritt auf dem Weg zum "Wunschlos glücklich sein" führt über die Anerkennung all unserer Wünsche und Bedürfnisse.

Solange wir einen Wunsch verneinen, behindern wir die Kräfte in uns, die zu seiner Erfüllung führen können. Häufig steht ein Wunsch stellvertretend für ein anderes, tieferes Bedürfnis und je weiter wir zu der eigentlichen Motivation zurückgehen, desto deutlicher erkennen wir, daß all unsere Wünsche in der Tiefe unseres Seins aus zwei Quellen gespeist werden: dem Wunsch nach individuellem, schöpferischem Selbstausdruck und dem Wunsch nach Liebe, nach Vereinigung.

Diese zwei grundlegenden Motivationen ziehen sich wie zwei Ströme durch alle Ebenen unseres Lebens hindurch, finden immer neue Ausdrucksformen und Variationen, scheinen dabei aber häufig in verschiedene Richtungen zu fließen und sich gegenseitig zu behindern oder gar aufzuheben: So wollen wir unser Wesen frei ausdrücken, aber die Liebe und Anerkennung der anderen nicht verlieren. Wir wollen Bindung *und* Freiheit. Wir wollen die Sicherheit des Vertrauten *und* offen sein für neue Erfahrungen. Wir möchten spontan unseren Impulsen nachgeben *und* gleichzeitig einem inneren Selbstbild entsprechen. Wir wollen eine Arbeit zu Ende bringen *und* faul in der Sonne liegen. Viele Wünsche laufen auch denen anderer Menschen zuwider, und da wir die anderen nicht verletzen oder ihre Liebe nicht verlieren wollen, stellen wir diese Wünsche zurück. Sie verbinden sich dann mit Ängsten oder Schuldgefühlen und wir verleugnen oder unterdrücken sie. Erfüllen wir einen solchen Wunsch dennoch, geraten wir in Konflikt mit uns selbst bzw. mit der Umwelt.

Wie kommen wir aber aus all diesen Zwickmühlen heraus? Zunächst sollten wir, wie bereits erwähnt zu den Wünschen selbst zurückkehren und sie als solche anerkennen. Frage dich dabei, was *du* im Grunde deines Herzens wirklich willst, welches *deine* Wünsche sind und nicht die der anderen, die du aus einem mißverstandenen Wunsch nach Anerkennung und Einheit adoptiert hast. Je authentischer deine Wünsche und Ziele sind, desto eher können sich all deine Energien kohärent in die gewünschte Richtung bewegen. Stehe zu dem, was nach dieser Auslese an Wünschen übrigbleibt, selbst wenn sie dir ganz und gar unheilig oder unerfüllbar erscheinen oder sich Zweifel, Ängste oder schmerzliche Erinnerungen damit verbinden. Erlaube diesen begleitenden Gefühlen ebenso in dir zu existieren, wie deinen Wünschen.

Selbst wenn ein Wunsch eine Komponente besitzt, die dir oder anderen Schaden zufügen könnte, erlaube diesem Wunsch, in dir zu leben. Lasse gleichzeitig alle Emotionen zu, die sich damit verbinden. Auf diese Weise wirst du bald merken, daß hinter der negativen Seite deines Wunsches eine Sehnsucht steckt, die dir unerfüllbar scheint.

Lege nun die aus Gewohnheit oder Erfahrung angenommene Haltung beiseite, daß sich deine Wünsche ja doch nicht erfüllen lassen. Schaue jetzt nur auf deine Wünsche und nicht auf die Möglichkeit oder Unmöglichkeit ihrer Erfüllung. Nimm sie bedingungslos in deine Haltung des Einverstandenseins mit hinein.

Bezieht sich ein Wunsch auf einen anderen Menschen, der sich beispielsweise ändern oder dir etwas geben soll, so schaue, was *du* dir davon erhoffst und lasse bei deinem Wunsch sodann das “Damit” weg. Sage also nicht, mein Partner soll sich ändern, *damit* ich mein Herz wieder für ihn öffnen kann. Wünsche dir einfach ein offenes Herz für ihn, ganz direkt, ohne den Umweg über den Partner. Du darfst etwas *für* andere wünschen, solange es aus einem echten Wunsch und nicht aus der heimlichen oder offenen Motivation geschieht, daß etwas für dich dabei herausspringt. Du darfst dir auch *von* dem anderen etwas wünschen, doch nur, wenn du bereit bist dich selbst zu ändern, deine eigene Struktur aufzugeben, die die Situation mit dem anderen bzw. deine leidgeschwängerte Reaktion auf die Situation herbeigeführt hat. Sonst wird sich dein Wunsch wahrscheinlich nicht erfüllen und eine Quelle ständiger Frustration bilden.

Nachdem du also deine Wünsche anerkannt hast, erlebe sie bewußt, lerne sie kennen, schaue, wie sie sich anfühlen, was sich damit für dich verbindet, und stelle dich auf ihre Seite.

Sobald wir unsere Wünsche in uns zulassen, ohne uns zu fragen, ob sie erfüllbar oder unerfüllbar sind, richtig oder falsch, gut oder schlecht, kommen wir der Harmonie mit uns selbst sofort wieder etwas näher, werden ein Stück mit uns versöhnt, vereint. Auch nehmen wir die wichtigsten Hindernisse zurück, die einer Erfüllung im Wege stehen. Indem du dich darauf einläßt, mit der Unklarheit ungelöster Konflikte, unbeantworteter Fragen und unerfüllbarer Wünsche zu leben, gleichzeitig in deinem Herzen den Wunsch nach Überwindung der Hindernisse und Erfüllung deiner Sehnsucht aufrechterhältst, wird diese Haltung den Weg bereiten, der *zur rechten Zeit* und *in der rechten Weise* zu einer Lösung führt. Während du all deinen Wünschen erlaubst, in dir zu leben, vertraue sie der schöpferischen Intelligenz deines innersten Selbst an. Sei dir hierbei bewußt, daß dein innerstes Selbst alle deine Wünsche kennt. Es weiß aber auch, welche tieferen Bedürfnisse hinter ihren offensichtlichen Ausdrucksformen liegen, aus welcher Quelle sie gespeist werden, und wie sie auf dieser tiefen Ebene gestillt werden können.

Zur Quelle deiner Wünsche kannst du jedoch nur gelangen, wenn du den Wasserlauf von dort aus zurückverfolgst, wo er dir gerade begegnet. Nur wenn du die momentanen Ausdrucksformen deiner Wünsche zuläßt, kannst du ihre tieferen Ebenen erfahren. Frage dich also immer wieder, was in dir gelebt werden möchte, akzeptiere diese Wünsche und Sehnsüchte so, wie sie dir begegnen.

Manchmal erfüllt sich ein hartnäckiger Wunsch auch allein deshalb nicht, weil er dich um wichtige Lernschritte bringen würde bzw. um tiefere Ebenen des Einverstandenseins, dic du unbewußt herbeisehnst. So setzt du dir selbst eine innere Schranke, bis du innerlich bereit bist, in dem entsprechenden Bereich zu lernen und zu wachsen. Der Schmerz der Nichterfüllung kann dir hierbei als Motivation dienen, tiefer zu schauen und eine Lösung zu finden, die am Ende viel befriedigender ist als die von dir erdachte.

Oft haben wir eine Vorstellung davon, auf welche Weise sich ein Wunsch erfüllen sollte. Neben den inneren Zweifeln und Konflikten kann auch diese Vorstellung ein Hindernis für die Erfüllung eines Wunsches darstellen. Solange du an einer Vorstellung festhältst, kannst du dich nicht für die tieferen Ebenen eines Wunsches sowie für die notwendigen, inneren und äußeren Schritte öffnen, die zu seiner Verwirklichung erforderlich sind.

Folgende Regel solltest du also bei allen Wünschen beachten: Lege dich in Bezug auf die Art der Erfüllung nicht fest, bestehe nicht auf einer bestimmten Form der Verwirklichung. Bleibe offen für andere Möglichkeiten und unerwartete Lösungen, an die du vielleicht nie gedacht hättest, dann kann dich dein innerstes Selbst zur Erfüllung führen und zwar in einer Weise, die im Einklang mit deinen wahren Bedürfnissen steht und deine Entwicklung zur Einheit unterstützt. Das Aufgeben einer Vorstellung und die Anerkennung eines Wunsches auf einer tiefen, grundlegenden Ebene, hat noch einen weiteren Vorteil: Seine Verwirklichung kann sich auf einer ganzen Palette von Möglichkeiten gleichzeitig abspielen.

In diesem Zusammenhang möchten wir einmal an eine wunderschöne und vielversprechende Aussage der Bergpredigt erinnern, die die hier dargelegten Prinzipien in der höchsten Konsequenz ausdrückt:

"Trachtet zuerst nach dem Reich Gottes
und nach seiner Gerechtigkeit,
so wird euch alles andere zufallen."
(Bibel, Matthäus 6, Vers 33)

Das "Reich Gottes" ist die Einheit, die alle Ausdrucksformen des Lebens in sich schließt. Schauen wir auf die tieferen Bedürfnisse, die hinter unseren Wünschen stehen, so stoßen wir am Ende auf die Sehnsucht, diese Einheit mit allem was dazugehört wiederzufinden. Unter der "Gerechtigkeit" können wir jene universalen Gesetzmäßigkeiten verstehen, die den Kosmos wie auch das Leben des Menschen auf allen Ebenen durchziehen und auch die Gesetze der Evolution und Entwicklung beinhalten. Trachten wir nun zuerst nach der Einheit, so werden wir nicht nur zu den notwendigen Entwicklungsschritten geführt, auch die äußeren Ereignisse in unserem Leben gestalten sich so, daß sie die Verwirklichung dieser Sehnsucht unterstützen.

Doch erleben wir die "oberflächlichen" Ausdrucksformen unserer Wünsche in der Regel viel direkter und empfinden sie als sehr viel dringlicher als die Sehnsucht nach Einheit. So schauen wir uns nun weiter an, wie wir mit diesen umgehen, wenn wir auch am Ende erkennen, daß auch hinter ihnen die Sehnsucht nach der absoluten Glückseligkeit steht, die Merkmal der Einheit ist.

Viele Wünsche sind mit dem Verlangen gekoppelt, daß ein Zustand, ein Schmerz oder ähnliches aufhören möge. Du bist zum Beispiel krank, fühlst dich schwach und dir ist übel. Medikamente haben dir nur eine kleine Erleichterung verschafft und nun wünschst du dir verständlicherweise, daß deine Schwäche und Übelkeit aufhören mögen. Dieses Verlangen magst du noch direkter spüren als deinen Wunsch, gesund zu werden. Nun heißt es auch hier wieder, ohne Erwartungen alles in die Haltung des Einverstandensein mit einzuschließen: deine Schwäche und Übelkeit ebenso wie das Verlangen nach Beendigung des Zustandes und deinen Wunsch nach Gesundheit. Allein durch eine solche Haltung kann dein innerstes Selbst dich auf den Weg zu Erfüllung deines Wunsches führen. So kann es beispielsweise notwendig sein, daß du erst psychische Blockaden zurücknehmen und dein Einverstandensein weiter ausdehnen mußt, bevor du gesund werden kannst. Die mangelnde Bereitschaft zu diesen Schritten spürst du an einer inneren Spannung, die immer dann auftritt, wenn du etwas möglichst schnell loswerden oder einer bestimmten Vorstellung entsprechend herbeiführen willst.

Kommen wir nun zu jenem letzten Punkt, der im

Zusammenhang mit der Erfüllung deiner Wünsche eine ausschlaggebenden Rolle spielt. Alles bisher Gesagte dient eher dazu, deine wirklichen Wünsche zu erkennen und anzuerkennen und Blockaden aufzugeben, die der Wunscherfüllung im Wege stehen. Was jedoch, nachdem du diese Voraussetzungen erfüllt hast, eine Verwirklichung deiner Wünsche tatsächlich herbeiführen kann, ist Folgendes: Lasse die Erfüllung deiner Wünsche zu! Dies klingt nun ungeheuer simpel, und doch liegt darin eine enorme Kraft.

Das Leben ist ein Bereich aller Möglichkeiten, es will sich uns in seiner ganzen Fülle schenken, doch drängt es sich nicht auf. Es wartet, bis wir bereit sind zu empfangen. Tatsächlich bedarf es nichts weiter als einer Öffnung von unserer Seite, damit sich unsere Wünsche auf jener Ebene erfüllen, die unserer Entwicklung dient.

So können wir durch unser Einverstandensein nicht nur Leid auflösen und zu unserem authentischen Wesen finden, wir können das Leben in seiner ganzen Fülle erschließen. Öffne dich für diese Fülle, für die Er-füllung deiner Wünsche ebenso wie für den Weg, der dich dorthin führt. Indem du dich ohne Bedingungen auch für den Weg öffnest, umgehst du die Gewohnheit, dich von deinem Wunsch wieder von der Wirklichkeit des Augenblicks forttragen zu lassen und seine Verwirklichung in eine ferne Zukunft zu verschieben. Die ersten Schritte auf diesem Weg kannst du jetzt tun. Dein Einverstandensein wird deine Schritte leiten, es wird dir die tieferen Ebenen deiner Wünsche offenbaren und sobald du es schaffst, dein Einverstandensein so weit auszudehnen, daß es absolut nichts mehr ausschließt, wird sich jeder Wunsch auf seiner allertiefsten Ebene in diesem Augenblick erfüllen.

Im Laufe deiner Entwicklung werden deine Wünsche

immer weniger das Bedürfnis reflektieren, dem Leid auszuweichen und stattdessen zunehmend das Verlangen spiegeln zu wachsen. Während du zuerst eine Leere ausfüllen wolltest, ist jetzt spielerisches Wachstum angesagt. Sollte sich nun ein Wunsch nicht verwirklichen, so bist du keineswegs frustriert, ähnlich wie für einen wohlig gesättigten Magen ein Löffel mehr oder weniger nicht ins Gewicht fällt. Wünsche und ihre Erfüllung werden zu einem Spiel der Wellen auf dem Ozean der Seligkeit, die dein eigentliches Wesen ist.

Der Konflikt zwischen freiem, individuellem Selbstausdruck und dem Bedürfnis nach Liebe ist nun vollständig aufgehoben. Die Energien dieser beiden Kräfte fließen nicht mehr auseinander, sie haben sich zu einem starken Strom vereinigt, der dein Leben von einer Welle der Erfüllung zur nächsten trägt. Nun wird alles, was du schöpferisch gestaltest, von Liebe und dem Bewußtsein der Einheit durchdrungen, und aus der Liebe wird die immer neue Freude am schöpferischen Tun geboren.

Auch wenn dir eine solche Erfüllung im Moment noch meilenweit entfernt scheint, so darfst du sie dir ruhig wünschen.

Zum Schluß möchten wir die wichtigsten Punkte noch einmal zusammenfassen:

1. Erkenne alle deine Wünsche bedingungslos an.

2. Schaue weder auf Widersprüche und Konflikte noch auf das äußere Ziel, sondern auf den Wunsch selbst. Erlaube ihm zusammen mit allen begleitenden Gefühlen in dir zu leben.

3. Öffne dich für die tieferen Bedürfnisse und Sehnsüchte, die hinter den offensichtlichen Ausdrucksformen deiner Wünsche stehen.

4. Vertraue deine Wünsche der schöpferischen Intelligenz deines innersten Selbst an.

5. Überlasse auch die Art und Weise seiner Erfüllung deinem innersten Selbst. Öffne dich für den Weg und für die notwendigen Lernschritte, die Voraussetzung zur Erfüllung sein können.

6. Lasse die Verwirklichung deiner Wünsche zu, öffne dich für die Fülle und Er-füllung, die das Leben für dich bereithält.

Einverstandensein und Schattenlösung in verschiedenen Formen der Therapie und Meditation

Wahrscheinlich war der Griff nach diesem Buch nicht dein erster Versuch, mit Hilfe einer Methode oder Therapie dein Leben zu verbessern oder zu bereichern. Eventuell übst du auch zur Zeit eine Meditation oder Heilmethode aus und bist mit den Ergebnissen mehr oder auch weniger zufrieden. Da wir annehmen, daß es viele unserer Leser interessiert, inwieweit sich eine andere Form der Meditation oder Therapie mit der Übung des Einverstandenseins vereinbaren läßt, möchten wir auch zu diesem Thema noch einige Erläuterungen geben. Wir können zwar nicht alle Therapie- und Meditationsformen einzeln betrachten, denn allein die Psychotherapie kennt heute über 500 Methoden. Doch möchten wir anhand einiger Beispiele grundlegende Prinzipien erklären und aufzeigen, wie die Wirksamkeit der verschiedenen Methoden durch das Einverstandensein gesteigert werden kann. Mit Hilfe dieser Informationen wirst du selbst in der Lage sein, diese Prinzipien auf die von dir gewählte Form anzuwenden.

Einige allgemeine Punkte möchten wir vorausschikken: Grundsätzlich bekommt es jede Entwicklung in

Richtung Ganzheit über kurz oder lang mit dem Schatten zu tun. Je wirksamer die Techniken, desto schneller werden sie mit dem Schatten konfrontieren. Dies zu verstehen ist besonders bei jenen Methoden wichtig, die allein das "Positive" auf ihre Fahne geschrieben haben, ohne aber die Schattenlösung miteinzubeziehen. Hier wird die Konfrontation mit dem Schatten weder erwartet noch willkommen geheißen, er wird so lange verdrängt und die innere Spaltung vergrößert, bis er sich irgendwann Aufmerksamkeit erzwingt.

Doch gibt es auch eine ganze Reihe von Methoden, die sich des Schattens annehmen. Sie erscheinen auf den ersten Blick vielleicht weniger "sicher", in der Praxis erweist sich jedoch das Gegenteil. Wenn wir allein auf Licht und Liebe eingestellt sind, wird die Schattenbegegnung nur zeitlich hinausgeschoben. Überraschung und Schock über das Dunkle können dann so groß sein, daß es nicht oder nur sehr schwer verkraftet wird.

So ist es bei jeder Methode außerordentlich wichtig, daß ein Raum wertungsfreien Annehmens und Bejahens, eine Atmosphäre vollkommenen Einverstandenseins geschaffen wird, sonst kann eine Therapie ins Gegenteil umschlagen und dem Betroffenen noch mehr Gründe liefern, seinen Schatten zu fürchten und sich selbst nicht zu mögen.

Betrachten wir unter diesem Gesichtspunkt zunächst einmal die klassische Psychotherapie und alle Methoden, die darauf abzielen, Erlebnisse aus der Vergangenheit, in der Regel aus der Kindheit, bewußt zu machen. Die Psychotherapie geht davon aus, daß ein vergangenes Erlebnis, mit der erweiterten Lebenserfahrung des Erwachsenen noch einmal durchlebt, zu einer Aufarbeitung und Befreiung führen kann. Nun haben wir gesagt, daß prägende Situationen aus der Vergangenheit nur symbolisch für eine psychische Struktur stehen, die immer noch in uns lebt. Wenn nach dieser Auffassung das Bewußtmachen vergangener Erfahrungen auch nicht notwendig ist, kann es uns dennoch dazu dienen, die korrespondierende Struktur quasi anhand eines drastischen Beispiels zu erkennen und bewußt zu erleben, um sie sodann durch unser Einverstandensein zu erlösen.

Dazu solltest du beim Wiedererleben der Situation auf deine Reaktion schauen, weniger auf die Situation selbst. Es ist die Struktur, die in deiner Reaktion zum Ausdruck kommt, die der Erlösung bedarf. Ohne dein Einverstandensein wird das Durchleben der vergangenen Situation zu keiner wirklichen Lösung führen. Gelingt es dir jedoch, deine Reaktion auf dieses als besonders schmerzlich erlebte Beispiel deiner inneren Struktur zu bejahen und in dein Einverstandensein einzuschließen, bist du der inneren Freiheit ein großes Stück näher gekommen. Auch wird es dir nun in anderen "brenzligen" Situationen sehr viel leichter fallen, die Haltung des Einverstandenseins zu bewahren und damit die korrespondierende Struktur immer weiter zu erlösen.

Ähnliches gilt für Methoden, in deren Verlauf der Widerstand gegen blockierte und verdrängte Emotionen zurückgenommen wird und es zu Entladungen kommen kann, die für eine gewisse Zeit befreien, aber auch erschrecken können. Im zweiten Fall besteht die Gefahr, daß sie im Nachhinein mit noch mehr Druck zurückgedrängt werden oder eine innere Turbulenz hervorrufen, mit der der Betroffene nur schwer umzugehen weiß. Auch bei diesen Methoden ist die Haltung des Einverstandenseins Voraussetzung, damit es tatsächlich zu einer Lösung kommt und nicht nur zu einem vorübergehenden Gefühl der Befreiung oder gar zu neuer Verdrängung. Getragen von unserem Einverstandensein kann die Wirkung jedoch sehr tiefgreifend und dauerhaft sein.

Dennoch bleiben unserer Meinung nach alle Therapien, die sich ausschließlich des Schattens annehmen, in einer gewissen Einseitigkeit befangen. Die Schattenlösung ist zwar ein wichtiger Schritt zur Ganzheit, doch geht die Sonne noch lange nicht auf, wenn wir nur in diesen und jenen Winkel unseres Unterbewußtseins ein Licht hineintragen, obwohl uns dies zweifellos helfen kann, mit uns selbst und mit dem Leben besser zurecht zu kommen und unsere Lebensfreude zu steigern. Etliche Therapiemethoden beziehen daher auch eine "positive" Seite in ihren Ansatz mit ein, die darauf abzielt, den authentischen Ausdruck des eigenen Wesens zu stärken und die latenten Fähigkeiten zu erschließen. In welchem Rahmen dies gelingt, hängt jedoch auch von dem dahinterstehenden Menschenbild ab.

Eine größere, innere Ganzheitlichkeit herbeizuführen, ist auch erklärte Absicht der verschiedensten Meditationsformen. Hier besteht jedoch die Gefahr einer anderen Einseitigkeit. Viele Meditationsarten zielen darauf ab, das Wahre, Schöne und Gute im Menschen zu erschließen bzw. zu stärken, ihn in die Einheit mit sich Selbst und mit Gott zurückzuführen und übersehen dabei, daß zu diesem Weg auch die Lösung der Schattenanteile gehört. So kann es hier zu einer massiven Verdrängung des Schattens kommen, und manch ein Meditierender, der vielleicht seit Jahren regelmäßig und getreulich seine Meditation ausübt mag sich wundern, warum er immer noch nicht rundum glücklich ist, warum er immer noch in einer Umwelt lebt, die so grob und garstig ist, warum sein Partner oder Arbeitgeber so wenig Verständnis für seine Art zu leben und zu denken zeigt und so weiter und so fort. Damit soll noch nichts gegen die Methode selbst gesagt sein und schon gar nichts gegen ihre Absicht. Letztendlich kann uns jede Methode auf unserem Weg voranbringen, kann uns neue Bewußtseinsbereiche erschließen und uns für neue Ebenen der Wirklichkeit und Ver-wirklichung öffnen. Doch wird ihre Wirkung nur dann umfassend und dauerhaft sein, wenn gleichzeitig der Schatten willkommen ist und wir ihm mit unserem bedingungslosen Einverstandensein begegnen.

Über die Schattenlösung hinaus können beinahe alle Erfahrungen, die uns die verschiedenen Meditationsformen vermitteln, durch unser Einverstandensein vertieft werden, da es eine größere Offenheit und innere Bewußtheit mit sich bringt. So wird beispielsweise jede Methode unterstützt, die eine gesteigerte Wachsamkeit als Voraussetzung oder Ziel hat, da das Einverstandensein hilft, im Augenblick zu leben und bei dem momentanen Geschehen dabei zu sein. Jede Form der Liebesmeditation kann sich durch das Einverstandensein vertiefen und zur allumfassenden Liebe erweitern, die auch den Schatten mit einschließt. Auch die meisten Meditationsformen, die sich auf einen bestimmten Inhalt richten, können durch die Prinzipien, die wir im Kapitel über die Wunscherfüllung aufgezeigt haben, vertieft werden. Dazu sollten wir jedoch von einer Haltung des "Machens" und "Erzeugens" zu einer Haltung des Zulassens übergehen. Wie in dem Kapitel über die Wunscherfüllung beschrieben, ist unser Bewußtsein ein Bereich aller Möglichkeiten. Wir müssen nur die von uns gewünschte Möglichkeit zulassen, indem wir einen Impuls setzen und sodann erlauben, daß er sich verwirklicht. Dabei ist es jedoch wichtig, daß du andere Inhalte, die in dein Bewußtsein treten, nicht ausschließt und verdrängst. Sie dürfen da sein, während du jedoch mit deiner Aufmerksamkeit den Gegenstand deiner Meditation bevorzugst.

Auch beim Autogenen Training kann der Erfolg durch unser Zulassen gesteigert werden. Anstatt mit Hilfe deines Ich eine Vorstellung aufrechtzuerhalten, setze den Impuls "mein linker Arm wird schwer" oder ähnliches und lasse sodann zu, daß es geschieht. Denke auch hierbei daran, alles andere, was in dir aufstiegt, ebenfalls zuzulassen, ohne es jedoch zu bewerten oder näher darauf einzugehen.

Über das Positive Denken haben wir im Kapitel "Heilung des Denkens" einiges geschrieben. Dazu ergänzend möchten wir noch sagen, daß das Positive Denken uns dazu dienen kann, unsere Grenzen und Widerstände und damit unseren Schatten bewußt zu machen, wenn dies auch nicht sein beabsichtigtes Ziel ist. Schaue dazu einfach ohne Vorbehalte, was die gewählte Formel an Reaktionen und Gegenreaktionen in dir auslöst. Beziehst du dann diese Reaktionen in deinen positiven Ansatz mit ein, bist du der Ganzheitlichkeit schon wieder ein großes Stück näher gerückt.

Das positive Denken arbeitet häufig mit Affirmationen. Richtig angewendet, können auch sie eine Menge Gutes bewirken. Doch sollten wir beispielsweise nicht sagen "ich bin gesund", wenn dies gar nicht stimmt, sondern stattdessen einfach den Impuls "Gesundheit" setzen und dann die Prinzipien anwenden, die wir im Kapitel über die Wunscherfüllung aufgezeigt haben.

Es gibt auch eine Reihe von Meditationsformen, die die Schattenlösung von vornherein in ihr Konzept mit einbeziehen. So geht unter anderem bei einigen Techniken, die von Osho gelehrt wurden, der stillen Meditation eine aktive Phase voraus, die darauf abzielt, Blockaden zu lösen. Ein Beispiel hierfür ist die sogenannte dynamische Meditation. Hierbei wird zuerst der Weg bereinigt, der zu jenen tieferen Erfahrungen führt, die nur in der inneren Stille erlebt werden können.

Den umgekehrten Weg geht beispielsweise die Transzendentale Meditation (TM). Hier wird durch den speziellen Gebrauch eines ausgewählten Mantras der Geist direkt auf den Weg zur Transzendenz geführt, zum Erleben innerer Freiheit und Unbegrenztheit. Bei diesem Prozeß lösen sich die Begrenzungen, die den Schatten erzeugt haben, nach und nach auf. Im Zuge seiner Lösung meldet sich der Schatten noch einmal in Form der sogenannten Streßlösung. Schattenlösung wird also erwartet und als ein wertvoller und unerläßlicher Teil der Meditation betrachtet. Doch besteht auch bei so einfachen und natürlichen Methoden wie der TM die Gefahr, aus alter Gewohnheit unangenehme Erfahrungen unbewußt zurückzuweisen, wodurch die Meditation an Wirksamkeit verliert. Auch hier hilft es, die Prinzipien des Einverstandenseins, auf denen diese Methode - richtig angewendet - ganz und gar beruht, immer wieder in das Gedächtnis zu rufen.

Zum Schluß noch ein Wort zu den natürlichen Heilmethoden. Auch sie kennen das Prinzip der Schattenlösung als sogenannte Erstverschlimmerung, die den Heilungsprozeß einleitet. Sie zielen darauf ab, eine gestörte Ordnung wieder herzustellen. Dies kann durch die Beseitigung von Energieblockaden eingeleitet werden wie beispielsweise bei der Akupunktur und verwandten Methoden. Oder die Wiederherstellung einer inneren Ordnung soll durch den Einfluß eines Mittels angeregt werden, das das gestörte Ordnungsprinzip repräsentiert. Eine solche Anregung kann über die Einnahme eines Heilmittels geschehen, über das Auflegen eines Edelsteins, das Einatmen eines Duftes, den Einfluß einer Farbe oder ähnliches. Andere Methoden arbeiten mit Energieübertragung, in der Regel über die Hände, wie dies beispielsweise bei Reiki oder vielen Formen der Geistheilung der

Fall ist. Alle diese Methoden regen neben der körperlichen Heilung geistig-seelische Heilungsprozesse an. Es ist offensichtlich, daß auch hier das Einverstandensein helfen kann, die heilsamen Impulse optimal aufzunehmen und die notwendige Schattenlösung zu unterstützen.

Zweifellos gibt es auch Therapie- und Heilmethoden sowie Meditationsformen, die den Prinzipien des Einverstandenseins zuwiderlaufen. Dabei denken wir zunächst einmal an medikamentöse Therapien wie die Einnahme von Psychopharmaka und andere von der Schulmedizin eingesetzte "Heilmittel". Wenn diese auch als "erste Hilfe" Wertvolles leisten können, unterstützen sie auf Dauer gesehen den Kampf gegen etwas Ungeliebtes anstatt für Aussöhnung zu sorgen.

Auch im geistigen Bereich gibt es Methoden, die einen inneren Konflikt mit den Prinzipien des Einverstandensein hervorrufen können. Zu dieser Kategorie gehören vor allem Übungen, die mit Willensanstrengung oder einer ausschließlichen Konzentration arbeiten. Dazu möchten wir sagen: jedes zu seiner Zeit. Das Einverstandensein kann durch die Beseitigung von Hindernissen Willen und Konzentration stärken und damit als Vorbereitung für die erwähnten Methoden dienen, jedoch nur, wenn das Ziel dieser Methoden im Einklang mit dem innersten Selbst und den Gesetzen des Kosmos steht. Sonst wird sich bei ihrer Ausübung bald ein unangenehmes Gefühl einschleichen und du mußt dich für eines von beiden entscheiden.

Wir hoffen, daß sich bei unseren Ausführungen niemand übergangen gefühlt hat, da wir *seine* Methode eventuell nicht erwähnt haben. Dazu müssen wir bekennen, daß uns nicht alle Methoden bekannt sind, und schon gar nicht aus eigener Erfahrung. Doch wollten wir aufzeigen, daß das Einverstandensein eine wertvolle Ergänzung und Bereicherung jeder Form der Therapie, Meditation oder ganzheitlichen Heilung darstellen kann, die auf natürlichen Prinzipien beruht und zur universalen Ordnung bzw. zu einer größeren Einheit mit sich selbst und dem Leben führt.

Ausblicke

Wir haben in den vorausgegangenen Kapiteln eine große Palette an Wirkungen des Einverstandenseins aufgezeigt. Dennoch blieb manches ungesagt, und so möchten wir auf den folgenden Seiten noch einige ergänzende Gedanken und Erfahrungen hinzufügen. Wollten wir die gesamte Reichweite an Wirkungen beschreiben, würde dies Bände um Bände füllen. So soll es genügen, wenn diese im Buch des Lebens eines jeden von uns vermerkt werden.

Das Einverstandensein führt zu einer inneren Offenheit, die das Leben in eine wunderbare Reise zur Einheit verwandelt. Es läßt dich in jedem Augenblick mit deinem ganzen Wesen präsent sein. Durch das Einverstandensein wirst du von einem Leidenden wieder zu einem Pilger, der sich aufgemacht hat, das Leben in all seinen Facetten kennenzulernen und in seiner ganzen Fülle zu erschließen. Ziel dieser Reise ist jener Zustand, in dem alle Grenzen gefallen sind, weil du dich in allem erkennst. Da gibt es keinen Schatten mehr, das Ich hat sich erweitert zum Selbst, das eins ist mit allem, weil es alles ist. Das Ganze durchdringt dich, atmet in dir, pulsiert in dir. Diesen Zustand nennen die Inder Erleuchtung, die Buddhisten Befreiung, die Christen Ewigkeit.

Auf dem Weg zu dieser Erfüllung weitet sich der

innere Raum, bis er alle Ausdrucksformen umfängt. Die Einseitigkeit unserer Wahrnehmung ist aufgehoben und alle Bereiche des Lebens finden ihren angemessenen Platz. Wir hören auf, einen ständigen *Kampf* von Schwarz *gegen* Weiß zu kämpfen und kehren zurück zu dem *Spiel* von Schwarz *und* Weiß. Wir begreifen, daß die negativen und positiven Pole des Rhythmus untrennbar sind, und daß der Kampf gegen einen Pol genauso dumm ist wie der Versuch, die Berge zu behalten und die Täler abzuschaffen. Wir haben endlich die Tatsache anerkannt, daß Schwarz und Weiß ein Paar bilden. Da wir nichts mehr ausgrenzen, sind uns die Feinde abhanden gekommen. Wir haben keine Aggressionen mehr, die wir auf die äußeren Umstände, auf andere Menschen oder Völker projizieren. So besteht für uns auch keine Notwendigkeit mehr, private, nationale oder globale Kriege zu führen. Stattdessen ist aus der Erkenntnis der inneren Einheit mit allem das Verantwortungsbewußtsein für unsere Welt gewachsen.

Je vollständiger sich unser Leben in die kosmischen Gesetze einschwingt, desto mehr beginnen wir, spontan richtig zu handeln. Das bedeutet Handeln in einer Weise, die das Wachstum zur Ganzheit in unserem eigenen Leben wie im Leben der anderen Menschen und der Natur unterstützt.

Wir leben zunehmend aus dem Wissen heraus, warum wir hier sind und was unsere Aufgabe ist. Wir nutzen spontan all unsere Fähigkeiten und Kräfte und nehmen die Verantwortung für die Gestaltung unseres Lebens ganz in unsere eigenen Hände. Diese Verantwortung dient uns als Schlüssel zur Meisterschaft im Leben und zur Unabhängigkeit von äußeren Bedingungen. Wir werden vom Opfer zur bestimmenden Gestaltungskraft in unserem Leben. Damit nehmen wir auch jede Schuldprojektion auf andere zurück.

Unser Handeln schöpft aus einer Quelle unversiegbarer Kreativität. Diese Kreativität hat wenig mit Agieren, Anstrengung, Wille und Manipulation zu tun. Indem das Einverstandensein uns zum Einssein mit der ganzen Existenz führt, wird alles, was es zu tun gibt, als natürliche Entfaltung unseres Wesens durch uns getan.

Wir haben das anstrengende Unterfangen aufgegeben, jemand Bestimmtes sein zu wollen. Stattdessen geben wir uns damit zufrieden, einfach wir selbst zu sein. Solange wir einem Selbstbild nacheiferten, verzichteten wir auf alles andere, verzichteten auf die Unendlichkeit der allumfassenden, unteilbaren Wirklichkeit. Mit diesem Verzicht haben wir nun Schluß gemacht.

Durch das "Ja" zum Leben und unseren Mut zu sein, wie wir wirklich sind, vertrauen wir uns der Wahrheit an und lassen uns von unserem innersten Selbst leiten. Wir werden zu einem Instrument Gottes, durch das er sich erkennen und in der Welt ausdrücken kann.

Unser Erleben wird direkt und spontan und wir können jeder Situation neu und offen begegnen, anstatt sie durch den Filter unserer vergangenen Erfahrungen, unserer Konzepte und Vorstellungen über das Leben zu betrachten.

In der Hingabe an den natürlichen Fluß der Gefühle und des Lebens haben wir wirkliche Freiheit erlangt. Indem wir unseren Anspruch aufgegeben haben, immer alles anders haben zu wollen als es ist, verweigern wir uns nicht länger der Wirklichkeit, nehmen Teil an der Gegenwart, an dem was ist.

Schaue auf diesen Tag, denn er ist Leben,
er ist das wahre Leben des Lebens,
In seiner kurzen Spanne
liegen alle Wirklichkeiten und Wahrheiten
der Existenz verborgen,
das Wunder des Wachstums,
die Herrlichkeit des Handelns,
die Freude am Ausdruck der Kraft.
Denn Gestern ist nichts als eine Erinnerung.
Und Morgen ist nur eine Vision,
aber das Heute, recht gelebt,
wandelt jedes Gestern in eine Erinnerung des Glücks
und jedes Morgen in eine Vision der Hoffnung.
Darum schaue gut auf diesen Tag.

Sanskrit Hymne

Wir gehören hier und jetzt zum ewigen Augenblick. Mit dieser außerordentlichen Gegenwärtigkeit geht eine ungeahnte Intensität des Erlebens einher, eine unbeeinflußbare Heiterkeit und Spontaneität, ein ständiges Staunen im Anblick der Wunder des Lebens.

In enger Verbundenheit mit dem gegenwärtigen Augenblick nehmen wir das Leben wahr wie eine verschwenderische Metamorphose. Auf der Grundlage einer unveränderlichen Geborgenheit im Sein erfahren wir das Leben in jedem Moment neu. Wir nehmen die Welt nicht mehr mit Hilfe der Projektionen unseres Geistes wahr. Wir haben den Filter unserer Vergangenheit und unserer Erwartungen abgelegt und sind in jedem Moment offen für das Unbekannte, für die Spontaneität des Wirklichen. In uns ist eine Freude und ein Staunen, das sich ständig erneuert, wobei jede Wahrnehmung einen einzigartigen Duft besitzt, von einer unverwechselbaren Musik begleitet wird.

Wir erkennen in den Geschöpfen, Dingen und Ereignissen die vielfältigen Darstellungen, Spiele, Masken und Rollen der einzigen Wirklichkeit: Gott. Den Ozean der Seligkeit erfahren wir als unser eigentliches Sein, nehmen gleichzeitig als individuelle Welle Teil am spielerischen Tanz der Schöpfung, im Austausch mit allen anderen Wellen, die auf der Oberfläche des Ozeans daherrollen. Wir sind verbunden mit allen Schwingungen des Kosmos, erleben, wie in einer unendlichen, schöpferischen Sarabande in nicht endender Verwandlung Myriaden von Arten und Lebewesen erschaffen werden, Millionen von Sonnen entstehen und vergehen. Sie alle sind Teil der einen, göttlichen Wirklichkeit, die uns immer aufs Neue in Erstaunen versetzt, sind Teil unseres eigenen Seins.

Eine kleine Geschichte zu diesem Buch

Zum Abschluß dieses Buches möchte Bodo noch eine kleine, aber interessante Begebenheit erzählen, die sich zutrug, als wir an den Manuskripten dazu arbeiteten:

"Es begann damit, daß Shalila wie jeden Morgen in ihrem Zimmer saß und meditierte. Unser dreijähriges Söhnchen Ra-Milan schlief noch neben ihr. Wie immer hatte Shalila Zettel und Stift neben sich liegen, da ihr die besten Ideen zu dem Buch regelmäßig gerade dann einfielen, wenn ihre Meditation besonders tief war. Es war zwar recht störend, die Meditation deswegen zu unterbrechen, aber danach waren sie vergessen. Kaum hatte sie dann die Augen wieder geschlossen, wurden ihr die nächsten Zusammenhänge klar und formten sich in ihrem Bewußtsein zu fertigen Sätzen. Ein großer Teil des Buches kam auf diese Weise zustande, wenn sie es später auch schaffte, die Zeit der Meditation von der Zeit der Inspiration zu trennen.

Nach einiger Zeit erwachte Ra-Milan aus seinem Schlaf und schaute mit versonnenem Blick eine ganze Weile über Shalila hinweg. Dann sagte er: "Mammi, warum ist da einer hinter dir?" Shalila wußte, daß sie mit Ra-Milan allein im Zimmer war. Seitlich hinter ihr hing an der Wand das Bild eines Engels. Sie schaute sich um, zeigte auf das Bild und fragte: "Meinst du den Engel?" "Nein, einen anderen Engel." Ohne weiter darüber nachzudenken sagte Shalila: "Oh, der hilft mir nur bei dem neuen Buch, das ist schon in Ordnung." Ra-Milan war zufrieden und lehnte sich wieder entspannt zurück.

Dies erinnerte uns an eine andere Begebenheit, die sich erst wenige Tage zuvor zugetragen hatte. Wir hatten davon gehört, daß die alte kleine Kirche im nächsten Ort verkauft werden sollte, was bei uns in Irland nicht selten geschieht. Von den letzten zwei Familien, die dieser Gemeinde noch angehört hatten, war die eine nun auch noch weggezogen und so hatte sich der alte Pfarrer in den Ruhestand begeben.

Wir überlegten, ob das nicht ein interessanter Platz für unsere Arbeit sein könnte und besorgten uns den schweren Eisenschlüssel, um das Gotteshaus zu besichtigen. Der Eingangsweg war inzwischen fast völlig zugewachsen. Da diese stilvolle alte Kirche aus Stein auf einem kleinen Hügel stand, hatten wir von dort einen wunderbaren Ausblick übers Meer, ganz ähnlich wie von unserem Haus. So öffneten wir die schwere Holztüre, und stellten überrascht fest, daß die Kirche bereits völlig ausgeräumt war, selbst das Taufbecken und der Altar waren schon fortgeschafft worden. Ra-Milan blickte sich mit großen Augen um und wir machten uns daran, die meterdicken Wände auf Feuchtigkeit zu untersuchen. Gerade als wir den Glockenturm inspizieren wollten, kam Ra-Milan zu uns gelaufen und fragte, warum wir denn eigentlich hier wären. Wir erklärten ihm, daß wir die Kirche eventuell kaufen wollten, um darin zu arbeiten. Ra-Milan stellte sich mit wichtiger Miene von uns hin und sagte: "Aber das können wir nicht, hier wohnen ja noch ganz viele Leute." Ich fragte: "Welche Leute?" Er machte eine Handbewegung und sagte: "Die alle hier." Nun gab es weder Bilder noch Heiligenfiguren in der Kirche, und so entschlossen wir uns, auf unser Söhnchen zu hören und die Kirche nicht zu kaufen. Auch dies war nicht das erste Mal, daß unser Sohn Dinge sah, die unseren Augen verschlossen blieben. Immer mal wieder hatte er seltsame Wesen auf Dachböden oder zwischen Büschen und Bäumen entdeckt."

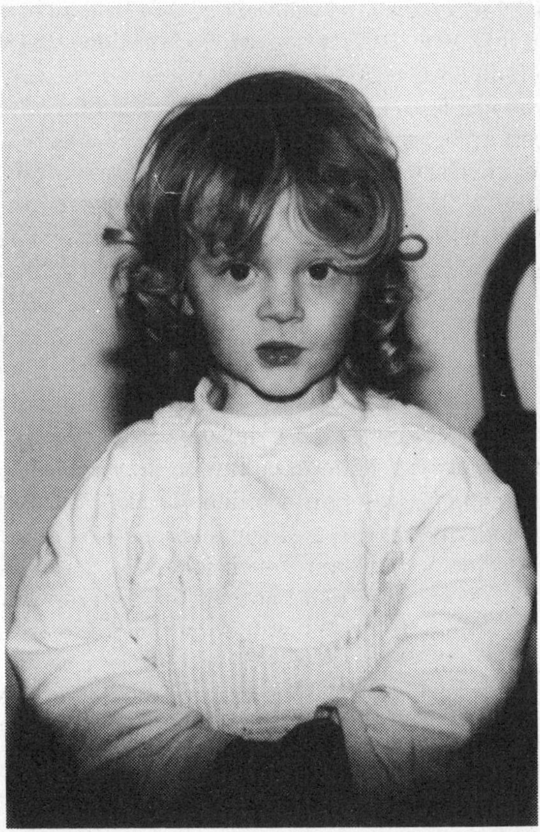

Nach der neuesten Begebenheit mit dem "Engel" fragten uns jedoch, inwieweit wir eigentlich selbst an dem Buch beteiligt waren. Abgesehen von der unmittelbaren Inspiration war seit wir mit dem Manuskript begonnen hatten, kaum ein Tag vergangen, an dem uns nicht entweder ein Erlebnis erzählt wurde, das genau den Punkt traf, die Frage beantwortete, die gerade offen war, oder uns auch gerade jene Frage gestellt wurde, die uns zeigte, was noch nicht beantwortet war. Oder uns fiel ein Buch in die Hände und beim Herumblättern sprang uns jenes Gedicht oder jene Aussage in die Augen, die das Thema, an dem wir gerade arbeiteten, wunderbar ergänzte.

So danken wir all jenen, die als Katalysator diesem Buch zu einer größeren Vollständigkeit verholfen haben, vor allem aber danken wir jener Kraft von ganzem Herzen, die eigentlich als Co-Autor an erster Stelle genannt werden sollte. So übergeben wir Euch unsere Gedanken und Erfahrungen zu diesem Thema, die wir selbst als Geschenk erhalten haben und hoffen, daß sie dazu beitragen, euer Leben zu bereichern. Wir würden uns freuen, etwas über eure eigenen Erfahrungen mit dem Einverstandensein zu hören. Doch seid bitte nicht enttäuscht, wenn wir nicht alle Briefe beantworten können. Wir würden sonst nicht mehr dazu kommen, noch weitere Bücher zu schreiben. Wir wohnen zur Zeit in Irland, schreibt uns deshalb bitte über den Verlag, der alle Briefe an uns weiterleitet.

Windpferd Verlag
Stichwort "Einverstandensein"
Postfach
8955 Aitrang

Stichwort "Einverstandensein" bitte nicht vergessen. Danke!

Die gleichnamige Ton-Kassette zum Buch

EINVERSTANDENSEIN

Gesamtspielzeit ca. 50 Min.
Seite 1: Mit Musik untermalte Meditationsanleitung, gesprochen von Shalila Sharamon
Seite 2: Musikkomposition "Einverstandensein", ohne Meditationsanleitung
MC-Best-Nr.42022, ca. DM 28.00
ISBN 3-89385-731-1

Das Einverstandensein führt uns auf spontane Weise in die innere Einheit zurück, in unsere eigene Mitte und zum Einklang mit unserem innersten Selbst.
Die geführte Meditation dieser Kassette und die einfühlsam komponierte Musik, vermitteln das direkte Erleben des Einverstandensein. Sie geleiten uns über die Erlösung unserer "Schattenanteile" zu dem Erlebnis der Heilkraft unseres innersten Selbst, zur Befreiung unserer Energien, zur Entfaltung unseres Potentials an Liebe und schöpferischer Kraft.
Die Kassette wird das theoretische Wissen um die inneren Zusammenhänge, die in diesem Buch dargestellt werden, unterstützen, damit sich das Verständnis für unsere eigenen Erlebnisse während der Meditation vertiefen kann.

S. Sharamon / B. J. Baginski

Das Chakra-Handbuch

Vom grundlegenden Verständnis zur praktischen Anwendung

Dieses Buch bietet eine umfassende Anleitung zur Harmonisierung unserer feinstofflichen Energiezentren. Das Wissen um die Chakren vermittelt uns tiefe Einsichten über die Wirksamkeit der subtilen Kräfte im menschlichen Organismus. Zur praktischen Cnakra-Arbeit beschreibt das Buch präzise eine Fülle von Möglichkeiten: die Anwendung von Klängen, Farben, Edelsteinen, Mantren und Düften mit ihren spezifischen Wirkungen auf die einzelnen Energiezentren, ergänzt durch verschiedene Meditationen, Körperübungen, Atemübungen,Naturerfahrungen

256 Seiten, DM 19,80
ISBN 3-89385-038-4

Shalila Sharamon, Bodo Baginski & Merlin´s Magic

Chakra-Meditation

Eine akustische Reise nach innen zu den Zentren der Kraft.

Chakra-Meditation entführt den Zuhörer mit subtilen Klängen und inspirierenden Texten in seine inneren Welten. Die Kompositionen, die Töne, die Instrumentierung und die fein in die musikalische Struktur eingewobenen Naturklänge sind ein faszinierendes und inspirierendes Werk, das in der Welt der meditativen Musik neue Maßstäbe setzt. >Kassette einlegen, zurücklehen, entspannen, zuhören.< Und schon beginnt ein faszinierendes Abenteuer, eine Reise nach innen, zu den Zentren der Kraft.

MC mit 53 Min. Spieldauer
Text und Musik
in Buchbox mit Begleitheft
ISBN 3-89385-060-0 DM 29,80

WINDPFERD-MUSIK

zum entspannen, zuhören inspirieren, meditieren, verlieben, tagträumen und einfach wohlfühlen

Tim Wheater
Green Dream - Before the Rains
CD DM 38,- ISBN 3-89385-715-X
MC DM 28,- ISBN 3-89385-716-8

Sehr gefühlvolle Kompositionen, melodiös, sehnsuchtsvoll, getragen von Tim Wheaters meisterhaftem Flötenspiel.

Tim Wheater
A Calmer Panorama
CD DM 38,- ISBN 3-89385-713-3
MC DM 28,- ISBN 3-89385-714-1

Hervorragende Flötenkompositionen mit Naturklängen, traumhafte Melodien zum tagträumen und entspannen.

Marianne Uhl / B. und A. Bauer
Musik für das Wurzel-Chakra
CD DM 29,80, ISBN 3-89385-712-5

Spezielle Musikkomposition zur Stimulierung des Wurzel-Chakras (ca. 30 Min)

Marianne Uhl / B. und A. Bauer
Musik für das Nabel-Chakra
CD DM 29,80, ISBN 3-89385-711-7

Spezielle Musikkomposition zur Stimulierung des Nabel-Chakras (ca. 30 Min.)

Marianne Uhl / B. und A. Bauer
Musik für das Herz-Chakra
CD DM 29,80, ISBN 3-89385-710-9

Spezielle Musikkomposition zur Stimulierung des Herz-Chakras (ca. 30 Min.)

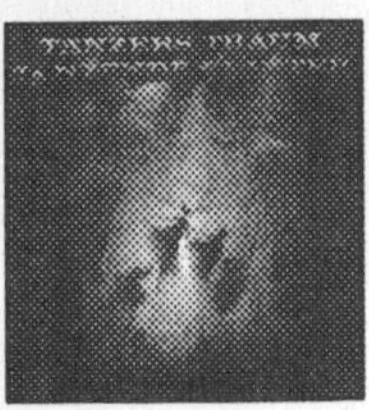

Tänzer's Traum
Tanzende Blätter
CD DM 38,- ISBN 3-89385-702-8
MC DM 28,- ISBN 3-89385-703-6

Akustische Musik mit Gitarre, Geige, Flöten, Bass., Klangschalen, Glockenspiel etc. Teils lebhafte, lebendige, teils ruhige Melodien. (Spieldauer ca. 45 Min)

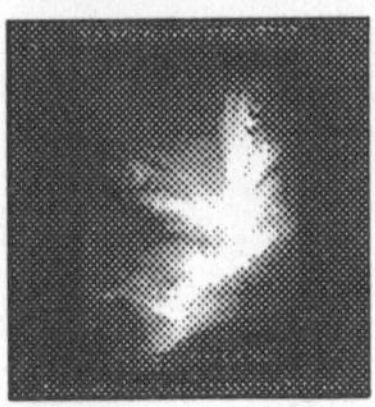

Tänzer's Traum
Nachtflug
CD DM 38,- ISBN 3-89385-704-4
MC DM 28,- ISBN 3-89385-705-2

Ruhige, meditative akustische Musik. teils mit orientalischen Instrumenten wie Klangschalen, Tempelglocken, Röhrenglocken u.a. (Spieldauer ca. 46 Min)

Tänzer's Traum
Sternblüten
CD DM 38,- ISBN 3-89385-706-0
MC DM 28,- ISBN 3-89385-707-9

Melodiöse akustische, meditative Musik mit Geige, Gitarre, Flöten, Klangschalen, Saxophon, Bass, Darbouka, Shakuhachi und Glocken. (Spield. ca. 56 Min)

WINDPFERD MUSIK IST IM BUCHHANDEL ERHÄLTLICH

Marcia Starck

So heilt der Kosmos

Planeten und Tierkreiszeichen in ihrer Verbindung zu Farben, Klängen, Kristallen, Edelsteinen, Aromatherapie, Blüten und anderen Naturheilmitteln

Die Stellung der Gestirne zum Zeitpunkt der Geburt bestimmt unsere Energie, unsere Stärken, Schwächen und Krankheitsdispositionen. Zu jeder Zeit unseres Lebens haben wir aber die Möglichkeit, viele Dinge positiv zu verändern. Mit Hilfe dieses Buches können wir entdecken, wie wir unser körperliches, seelisches und geistiges »Fahrzeug« in einen harmonischen Zustand zu bringen. »So heilt der Kosmos« ist ein wertvoller Ratgeber für all jene, die sich über die derzeit wichtigsten Heilmethoden mit ihren Anwendungsmöglichkeiten informieren möchten.

288 Seiten, DM 24,80
ISBN 3-89385-074-4

Alexander Gosztonyi

Das Vaterunser

Die Entwicklung des Menschen im Lichte des Evangeliums

Ein neues Zeitalter mit neuen Perspektiven ist angebrochen. Gerade heute begeben sich viele Menschen auf die Suche nach dem eigentlichen Gehalt des Christentums, sind bereit, sich der Transzendenz seiner Botschaft zu öffnen. Das Buch von Alexander Gosztonyi vermittelt tiefe Einsichten in die wirkliche Bedeutung des Evangeliums, der Lehre des Jesus von Nazareth. Es bietet die Möglichkeit, durch tiefe Einsicht in verborgene Zusammenhänge sich ein neues, anderes Bild von Gott und der Welt zu schaffen, den Sinn, der in der Tiefe allen Geschehens liegt, wiederzuentdecken.

384 Seiten, DM 24,80
ISBN 3-89385-216-6